ALAIN VANIER
Maître de conférences à l'université de Paris VII - Denis Diderot

ÉLÉMENTS D'INTRODUCTION À LA PSYCHANALYSE

édition revue et corrigée

NATHAN

Édition : Claire Hennaut
Conception de couverture : Noémi Adda
Conception graphique intérieure : Agence Média

ISBN : 2-09-190 447-3

SOMMAIRE

INTRODUCTION

Introduire à la psychanalyse par la voie d'un exposé d'éléments de théorie est paradoxal, car la méthode psychanalytique suppose que l'on revienne sur la distinction classique entre théorie et pratique. Loin d'opposer l'une à l'autre, ou de penser la pratique comme application d'une théorie, puisque celle-ci est plutôt une théorie de la pratique — une «praxis» dira Lacan — c'est à une articulation inédite que la psychanalyse nous convie.

La transmission de la psychanalyse est donc particulière et nécessairement problématique. Cette question a préoccupé Freud et ses élèves, et l'on peut tenir pour assuré que, malgré un cadre communément admis, elle résiste à toute programmation, à tout schéma type ; ce qui explique l'intérêt des études rétrospectives sur ce point.

Et pourtant, la psychanalyse s'est transmise. Avant tout et même essentiellement par l'expérience de la cure analytique. L'analyse de l'analyste est peu à peu devenue l'élément fondamental de la formation du psychanalyste, car elle seule, indiquait Freud, produit cette conviction en l'existence de l'inconscient qu'aucune initiation théorique ne permet de créer[1]. En effet, le savoir en question dans la psychanalyse est le savoir inconscient, qui se dérobe à toute saisie directe. Il ne se repère que par ses manifestations et ne se donne dans aucun système.

C'est pourquoi l'exposé des concepts de la psychanalyse n'est pas séparable du mouvement qui leur a donné naissance. J'ai donc choisi pour ce livre de les présenter en retraçant en même temps la dynamique de leur découverte, à partir d'un fil chronologique apparent ; car ce chemin —

1. Voir, par exemple, S. Freud, *Préface à «Jeunesse à l'abandon»* de A. Aichorn, (1925*f*), trad. R. Lainé, OCF.*P.* (Œuvres complètes de Freud. *Psychanalyse*) XVII, Paris, PUF, 1992, p. 162 ; *G. W.* (*Gesammelte Werke*) XIV.

exemplaire — est du même ordre que celui qu'est amené à parcourir, de manière à chaque fois radicalement singulière, quiconque s'engage dans cette expérience. C'est aussi la raison pour laquelle nous terminerons par ce qui vient d'être évoqué, à savoir la question de la cure et celle de la formation.

De plus, dans le cadre d'un ouvrage destiné aux étudiants — mais pas seulement — j'ai préféré brosser à grands traits un panorama aussi large que possible, avec un complément bibliographique permettant, à qui veut, de poursuivre le travail.

Je veux remercier ici pour leur lecture attentive, leurs indications, mais aussi pour leur amitié Joël Dor, Guy Lérès et Jacques Sédat. Mes remerciements aussi à Claire Hennaut des éditions Nathan pour son soutien amical et à Clara Kunde et Dominique Platier-Zeitoun pour l'établissement du manuscrit.

1

LA DÉCOUVERTE FREUDIENNE

1. L'INCONSCIENT AVANT FREUD

L'inconscient existait-il avant la psychanalyse ? Peut-être peut-on distinguer avec Henri F. Ellenberger d'une part «l'histoire de la notion» et d'autre part «celle de l'utilisation pratique de l'inconscient[1]». Il remarque, de plus, que «l'utilisation pratique — et avant tout thérapeutique — de l'inconscient a précédé de beaucoup les intuitions et les recherches sur la notion d'inconscient». Par ailleurs, l'inconscient que Freud avance en inventant la psychanalyse est-il simplement la reprise d'une notion qui avait déjà cours auparavant, ou s'agit-il, malgré l'identité lexicale, de quelque chose de radicalement nouveau ?

Il n'est probablement pas possible de dater l'origine des pratiques mettant en jeu, à des fins thérapeutiques, ce que nous appelons aujourd'hui l'inconscient. Ces techniques de guérison primitives utilisaient des méthodes comme l'hypnose, la transe, l'exorcisme, etc., avec, parfois, usage de drogue. On y trouve également le lieu commun d'origine du prêtre et du médecin. Le plus souvent, la maladie est interprétée comme effet d'un phénomène qui a rompu l'unité du vivant. Soit l'âme a quitté le corps et un certain nombre de manœuvres sont nécessaires pour qu'elle le réintègre, soit un corps étranger s'est emparé du corps du malade ; cette dimension d'extériorité est à souligner dans l'un comme dans l'autre cas.

Pour Ellenberger, trois traits fondamentaux caractérisent cette thérapeutique primitive : tout d'abord, le guérisseur, ancêtre du médecin, a une fonction religieuse. Celle-ci n'a pas complètement disparu dans le monde moderne, mais se trouve particulièrement atténuée dans la figure du médecin technicien d'aujourd'hui, qui, généralement, n'en veut plus rien savoir. Le guérisseur est un maître. Il possède un savoir. Mais il n'est pas que l'utilisateur d'une technique, sa personne a une fonction tout à fait

1. H.F. Ellenberger, *Histoire de la découverte de l'inconscient*, trad. J. Feisthauer, Paris, Fayard, 1994, p. 27, 1re éd. SIMEP, 1974.

essentielle dans le procédé. Enfin, le traitement est «presque toujours public et collectif». C'est-à-dire qu'il met en jeu un lien fondamental entre la maladie et le groupe social.

De l'inconscient comme notion, on peut trouver une trace chez certains philosophes de l'Antiquité, mais aussi chez les mystiques. Plus récemment, c'est avec Leibniz, en 1703, qu'apparaît ce terme. Les romantiques allemands, des philosophes comme Schopenhauer ou Hartmann, mais aussi des scientifiques vont donner à cette notion une grande extension, au cours du XIXe siècle. Ainsi, le mot même d'inconscient n'est pas nouveau lorsque Freud s'en empare. Il appartient au courant des idées de son époque. Mais l'inconscient freudien n'en est pas le simple prolongement.

Il faut souligner que la psychanalyse n'aurait pu apparaître sans la naissance de la science moderne au XVIe siècle. C'est une des propositions fortes de Lacan, appuyée sur les travaux d'Alexandre Koyré, que nous ne pouvons développer ici. Ainsi, le système de Messmer, que beaucoup considèrent comme l'un des précurseurs de la psychanalyse et qui connut un énorme succès au XVIIIe siècle, peut se comprendre comme une tentative de reprise de ces phénomènes obscurs, cantonnés au domaine du religieux et de la magie, par le discours scientifique. La théorie du magnétisme animal, fluide physique subtil, est un essai d'explication rationnelle de cette série de phénomènes connus depuis longtemps, tentative construite sur le modèle des théories physiques de l'époque qui sont celles de l'électricité et du magnétisme. De même, c'est un disciple de Messmer, Puységur, qui introduira l'hypnose dans ce procédé et soulignera que l'agent de la guérison «était la volonté du magnétiseur» et non le fluide messmérien.

On notera la place de l'hypnotisme, accompagnée d'une conception dualiste du psychisme humain.

Avec le XIXe siècle naît la médecine moderne. La méthode anatomo-clinique inaugurée par Bichat est une révolution : il s'agit de corréler les manifestations cliniques observées du vivant du malade avec les lésions que révèle l'autopsie. «Avec Bichat, le regard médical pivote sur lui-même et demande à la mort compte de la vie», écrit Michel Foucault[2]. Ce

2. M. Foucault, *Naissance de la clinique*, Paris, PUF, 1963, 3e éd. «Quadrige», 1993, p. 149.

faisant, la médecine redéfinit le corps dont elle s'occupe, et déplace la fonction de la parole dans l'entretien médical, qui entre, dès lors, dans le cadre de « l'interrogatoire ».

À la même époque apparaît aussi la psychiatrie moderne avec Pinel. Mais, malgré les tentatives et les débats qui secoueront le mouvement psychiatrique, la méthode anatomo-clinique, à quelques rares exceptions près — la paralysie générale, par exemple — ne se vérifiera pas en psychiatrie. C'est ce qui donne à la psychiatrie une position originale par rapport au reste de la médecine. Il serait abusif de situer la psychanalyse dans le champ propre à la psychiatrie, que ce soit comme l'un des avatars, ou comme l'une des révolutions de ce domaine. Non sans raison, la psychanalyse entretient avec la psychiatrie, et plus largement avec la médecine, une relation complexe. La suite de cet exposé tentera de montrer comment il est nécessaire de lui réserver un espace spécifique.

2. Freud

2.1 Les années de formation

La théorie psychanalytique n'est pas dissociable de la pratique analytique. Et il n'y a de théorie que celle qui se constitue comme reprise des analyses que pratique un analyste, comme reprise de sa propre analyse, car l'une comme l'autre sont le travail d'élaboration du désir inconscient. La psychanalyse implique un statut particulier de la vérité. Vérité du désir inconscient, fulgurante, irréductible à un énoncé, que le travail de l'analyste — que ce soit dans la pratique ou dans son effort de théorisation — cherche à transformer en savoir. C'est pourquoi on ne tiendra donc pas pour fortuit, ou pour l'expression d'une vaine curiosité, l'ampleur des travaux biographiques et historiques sur Freud, car ils sont aussi une interrogation sur le désir du fondateur, et plus encore sur le désir fondateur de la psychanalyse.

Freud naît le 6 mai 1856 à Freiberg en Moravie (aujourd'hui Pribor). Son père, Jacob Freud, a 41 ans. Il a deux enfants d'un précédent mariage. Sa seconde femme, Amalia, a 21 ans. Le jeune Sigismund, Schlomo, est leur premier enfant. Le fils aîné de Jacob a déjà un fils âgé d'un an cette année-là. Ce neveu, John, sera le compagnon et le complice de la petite enfance de Freud. Quand il aura un peu plus de 16 ans, Freud transformera son prénom Sigismund en Sigmund.

La famille Freud quitte Freiberg en 1859 pour Leipzig, et s'installe en 1860 à Vienne, quelques années après le début d'une politique plus libérale pour les Juifs. L'égalité des droits politiques leur est accordée en 1867.

Freud, qui se considérait comme un « Juif athée », n'a jamais renié cette appartenance dans une Autriche où la carrière pouvait parfois valoir une messe : « Mes parents étaient juifs, je suis également resté juif[3] », écrit-il dans une « autoprésentation » demandée et publiée par un éditeur de Leipzig. Il fut élevé dans une famille où la pratique religieuse était devenue réduite, bien que les références au texte biblique y soient omniprésentes et qu'il ait été un lecteur précoce de l'histoire biblique.

Freud sera un élève brillant au lycée et s'inscrira, après de nombreuses hésitations, en médecine en 1873. « Pendant ces années de jeunesse, pas plus du reste que par la suite, je n'éprouvai aucune prédilection pour le statut et l'activité du médecin. J'étais plutôt mû par une sorte de désir de savoir[4] », écrira-t-il. Il a plus une vocation de naturaliste — Darwin est un de ses héros — qu'un souci de guérir.

Pendant cette époque, il lit beaucoup, s'intéresse à l'hégélien de gauche Feuerbach, suit les conférences de Brentano sur Aristote, voyage en Angleterre où il contractera une admiration sans défaillance pour la culture anglaise. Au retour de ce voyage, il s'oriente plutôt vers des recherches fondamentales que vers la pratique de la médecine. Des travaux sur la physiologie nerveuse dans le laboratoire d'Ernst Brücke à Vienne, chez qui il rencontrera Josef Breuer, occupent ces années. Il traduit des essais de John Stuart Mill pendant son service militaire.

En 1882, il rencontre Martha Bernays dont il tombe amoureux et qui deviendra sa femme quelques années plus tard. Il travaille successivement dans les services de Nothnagel, et de Meynert, dans lequel il poursuit des

3. S. Freud, *Sigmund Freud présenté par lui-même* (1925*d*), trad. F. Cambon, Paris, Gallimard, coll. « Connaissance de l'Inconscient », 1984, p. 14 ; *G.W.* XIV ; OCF.*P.* XVII.
4. *Id.*, p. 15.

travaux sur la cocaïne. Les recherches fondamentales de Freud ne furent pas sans succès mais ne furent pas suffisantes pour obtenir une situation lui permettant de poursuivre dans cette voie. Ce sont aussi des années de lecture intense qui sont plus occupées par les grands classiques que par ses contemporains. Shakespeare, Cervantes, Lessing, Goethe, Schiller, Lichtenberg, Heine, etc., feront partie des auteurs régulièrement cités dans ses œuvres ultérieures. Les années 1880 voient Freud poursuivre des recherches de neuropathologie, mais soucieux aussi de son avenir — ses soucis financiers retardant son mariage — il s'oriente peu à peu vers la psychiatrie. Alors qu'il est sur le point d'être nommé *Dozent*, il obtient, grâce à Brücke, une bourse qui lui permet de venir en France suivre les travaux de Charcot.

À la fin de l'année 1885, Freud arrive à Paris. Il vient à la Salpêtrière en neuropathologiste, mais son admiration immédiate pour la personnalité de Charcot l'éloignera peu à peu de ses recherches initiales. Il assiste aux présentations de malades, participe aux conférences et propose à Charcot de traduire ses œuvres en allemand. Le corps des hystériques est offert au regard des spectateurs lors des présentations, véritables événements mondains, mais c'est par la parole et sous hypnose que Charcot traite le symptôme de ses patientes. La démarche de Charcot l'impressionne, et, en particulier, son pragmatisme, sa méfiance à l'égard des constructions théoriques, dont témoigne la réponse qu'il fait à des objections théoriques lors d'un débat : *«ça n'empêche pas d'exister*[5]*»*. Freud reprendra cette formule à son compte.

À cette époque déjà, il soutient «la thèse que, dans le cas de l'hystérie, les paralysies et les anesthésies de parties du corps isolées sont délimitées d'une manière qui correspond à la représentation commune (non anatomique) de l'homme[6]». Mais pour Charcot, il est difficile d'abandonner totalement la référence à l'anatomie. De plus, pour lui, l'hypnose crée un état pathologique artificiel chez l'individu, et constitue une particularité propre à l'hystérique. À l'opposé, l'École de Nancy, animée à l'époque par Bernheim, élève de Liébeault, soutient qu'au cœur de l'hypnose est la

5. *Id.*, p. 23.
6. *Id.*, p. 24.

suggestion et que l'on peut obtenir par cette méthode des résultats thérapeutiques. Freud se rendra à Nancy en 1889 et sera très impressionné par ce qu'il y rencontrera.

2.2 Les *Études sur l'hystérie*

De retour à Vienne, en 1886, Freud épouse Martha et ouvre un cabinet où il pratique l'électrothérapie et l'hypnose. En fait, c'est surtout cette dernière pratique qui le retient, ne serait-ce qu'à cause de son efficacité. Il a donc vu, à Paris, Charcot l'utiliser dans ses présentations, et traduit ses travaux en allemand, ainsi que ceux de Bernheim. L'utilisation de la suggestion sous hypnose à des fins thérapeutiques que propose l'École de Nancy, ainsi que le cas d'hystérie dont son collègue et ami Breuer lui a parlé et qu'il a traité ainsi de 1880 à 1882, vont orienter ses recherches.

Anna O.

Il convainc alors Breuer d'entreprendre avec lui la rédaction d'un ouvrage sur l'hystérie[7]. Celui-ci paraît en 1895 et contient le récit du traitement de cette première patiente, dénommée Anna O. Pour cette raison, Freud désignera parfois Breuer comme celui à qui revient le «mérite d'avoir appelé à la vie la psychanalyse[8]».

L'anonymat de cette jeune fille a depuis longtemps été levé. Nous savons aujourd'hui qu'il s'agit de Bertha Pappenheim qui se rendit célèbre plus tard en Allemagne dans le domaine du travail social. Quand Breuer la rencontre, il la décrit comme une personne séduisante et intelligente, volontaire et imaginative. Elle mène une vie austère dans sa famille et s'évade régulièrement dans des rêveries, son «théâtre privé». Les troubles commencent au décours d'une maladie sévère de son père auquel elle est très attachée, et qu'elle a, durant cette période, veillé toutes les nuits. Elle va présenter, au cours des deux années de traitement, divers

7. S. Freud, J. Breuer, *Études sur l'hystérie* (1895*d*), trad. A. Berman, Paris, PUF, coll. «Bibliothèque de psychanalyse», 1956 ; *G.W.* I.
8. S. Freud, *Sur la psychanalyse* (1910*a*), trad. C. Heim, Paris, Gallimard, coll. «Connaissance de l'Inconscient», 1991, p. 29 ; *G.W.* VIII ; OCF.*P.* X.

symptômes (toux, troubles oculaires, paralysies, anesthésies locales, mutisme, etc.), sur lesquels Breuer interviendra avec succès. Le plus souvent l'hypnose est utilisée au cours de ces séances, mais, fait remarquable, le symptôme disparaît lorsqu'est évoquée sa première apparition. Ce procédé découvert de façon fortuite est ensuite appliqué systématiquement. C'est ce qu'Anna O. appelle la *talking cure* et Breuer la «méthode cathartique». Il n'utilise pas la suggestion et laisse sa patiente, en quelque sorte, conduire le traitement.

Cette «cure par la parole» n'est pas encore la psychanalyse, mais elle l'anticipe. Il faut souligner qu'elle commence par une invention dans la pratique, initiée par une patiente. C'est une caractéristique de la démarche freudienne : prendre au sérieux ce qui, jusque-là, était écarté au nom des préjugés. Ainsi, à propos de l'étiologie sexuelle de l'hystérie, Freud rapporte que, bien avant qu'il n'en ait lui-même fait l'hypothèse, trois personnalités éminentes du monde médical lui avaient «livré une connaissance qu'eux-mêmes, à strictement parler, ne possédaient pas». Breuer ne lui confiait-il pas que, dans ces cas, il s'agissait «toujours de *secrets d'alcôve*», Charcot que «*dans des cas pareils, c'est toujours la chose génitale*» et Chobrak que l'ordonnance appropriée était «*Penis normalis dosim repetatur !*»[9].

Mais la fin de ce traitement est instructive : Breuer est touché et effrayé par des manifestations symptomatiques de Bertha à type de douleurs abdominales liées à un fantasme de grossesse. Ces manifestations d'un transfert amoureux, notion inconnue à l'époque, lui font prendre la fuite. Devant ce que la cure d'Anna O. met au jour et ce qui se joue du même ordre dans sa propre pratique, Freud, pour sa part, ne reculera pas. Si des études récentes montrent que la fin du traitement d'Anna O. s'est déroulée de façon sensiblement différente de ce qui est rapporté dans les *Études sur l'hystérie,* cette cure indique bien dans quel type d'aventure l'analyse engage le patient et son analyste.

9. S. Freud, *Sur l'histoire du mouvement psychanalytique* (1914*d*), trad. C. Heim, Paris, Gallimard, coll. «Connaissance de l'Inconscient», 1991, p. 24-27 ; *G.W.* X.

Défense et sexualité

Freud et Breuer se brouilleront après la publication commune des *Études sur l'hystérie*. Dans cet ouvrage, les conclusions théoriques auxquelles arrivent les deux auteurs divergent souvent, mais c'est surtout leur mode d'élaboration qui diffère sensiblement. Breuer «ne cherche que des *lois générales* pour rendre compte du matériel clinique. Freud ne s'en contente pas ; il lui faut des *modèles*[10]». Freud se méfiera toujours de la théorie, et préférera à ce terme celui de métapsychologie qu'il forgera plus tard.

Breuer promeut la notion d'état hypnoïde pour caractériser l'hystérie : il s'agirait de la forme naturelle de ce qu'induirait artificiellement l'hypnose. Il serait à l'origine de l'hystérie et pourrait être réactivé lors du traitement hypnotique. Freud, au contraire, met l'accent sur la notion de défense, et va jusqu'à proposer le terme d'hystérie de défense, qu'il ne conservera pas par la suite.

La défense est un mécanisme qui vise à protéger le moi d'une représentation «inconciliable» ou «insupportable». Le malade veut oublier quelque chose et il le maintient volontairement hors de la conscience. Mais il ne peut se débarrasser de l'idée elle-même. Elle est «seulement repoussée dans l'inconscience». Freud développera ultérieurement la notion de mécanismes de défense, où le refoulement occupe une place privilégiée. Chacune des psychonévroses de défense (hystérie, obsession, phobie, paranoïa), dont la défense est «le point nucléaire dans le mécanisme psychique[11]», pourrait se caractériser par la prévalence d'un mode de défense spécifique.

D'autre part, la représentation *inconciliable* contre laquelle s'organise la défense est un souvenir de nature sexuelle. En octobre 1895, Freud s'adresse ainsi à Fließ : «T'ai-je déjà révélé, oralement ou par écrit, le grand secret clinique ? L'hystérie résulte d'un *choc sexuel* présexuel, la névrose obsessionnelle, d'une *volupté sexuelle* présexuelle transformée

10. O. Mannoni, *Freud*, Paris, Le Seuil, coll. «Écrivains de toujours», 1968, p. 49.
11. S. Freud, «Nouvelles remarques sur les psychonévroses de défense» (1896*b*), in *Névrose, psychose et perversion*, trad. J. Laplanche, Paris, PUF, coll. «Bibliothèque de psychanalyse», 1973, p. 61 ; *G.W.* I ; OCF.*P.* III.

ultérieurement en sentiment de culpabilité[12]». Le mot présexuel est à entendre comme «antérieurement à la puberté» ; quant aux «chocs», ils interviennent plus tardivement en tant que «souvenirs».

Le traumatisme implique deux temps distincts. Une scène de séduction opérée par un adulte sur l'enfant dans une période prépubertaire ne provoque pas chez celui-ci d'excitation sexuelle, ni de refoulement. Après la puberté, un autre événement possédant quelques traits pouvant être associés au premier, bien que d'apparence souvent très éloignée, déclenche un afflux d'excitations internes dû au souvenir de la scène de séduction et produit le refoulement de celui-ci.

Si la méthode cathartique n'est pas la psychanalyse, elle en est le précurseur immédiat et la psychanalyse contient encore cette méthode «en elle-même comme son noyau[13]». La suggestion puis l'hypnose sont abandonnées. La méthode des libres associations, qui consiste à laisser dire au malade tout ce qui lui vient, au lieu de l'engager avec insistance à chercher l'élément pathogène, s'est affirmée à partir de l'expérience clinique et fut imposée par les patients.

2.3 Fließ et la naissance de la psychanalyse

Mais l'amitié cruciale dans le parcours de Freud n'est pas celle de Breuer, mais celle d'un oto-rhino-laryngologiste berlinois, Wilhelm Fließ. Leur relation, essentiellement épistolaire, se poursuivra sans relâche des années durant. Freud tient Fließ au courant, de façon précise, de ses élaborations, mais aussi de son état d'esprit, de ses enthousiasmes, de ses déceptions et de ses abattements. Cette correspondance, pour partie publiée, nous est parvenue quasi miraculeusement. L'on peut y lire le chemin difficile qui fut celui de Freud pour inventer la psychanalyse. Mais ces lettres sont

12. S. Freud, *La Naissance de la psychanalyse* (1950*a*), trad. A. Berman, Paris, PUF, coll. «Bibliothèque de psychanalyse», 1956, p. 113, Lettre n° 30 du 15. 10. 1895 ; Lettre n° 76 dans la nouvelle édition allemande, S. Freud, *Briefe an Wilhelm Fließ*, Francfort, S. Fischer, 1986, p. 147.
13. S. Freud, «Petit abrégé de psychanalyse» (1924*f*), trad. J. Altounian, A. Bourguignon, P. Cotet, A. Rauzy, in *Résultats, idées, problèmes*, t. 2, Paris, PUF, coll. «Bibliothèque de psychanalyse», 1985, p. 101 ; *G.W.* XIII ; OCF.*P.* XVII.

également précieuses parce qu'elles contiennent de nombreuses anticipations théoriques et des intuitions que les élaborations ultérieures ne démentiront pas.

Ainsi peut-on dire avec Octave Mannoni que la théorie psychanalytique a deux sources : d'une part les savoirs constitués qui sont toute la formation personnelle et académique de Freud, sa connaissance de la littérature, sa formation de biologiste et de médecin, etc. ; mais d'autre part aussi cette relation avec Wilhelm Fließ qui témoigne, d'une certaine manière, d'un aspect tout aussi fondamental de la psychanalyse.

Wilhelm Fließ avait mis au point une théorie qui nous apparaît aujourd'hui comme délirante mais qui eut son heure de gloire. Médecin réputé à Berlin, il avait inventé une nouvelle notion — la névrose nasale réflexe — ainsi qu'une théorie des périodes. Ces travaux ne seront pas sans influence sur Freud. Ainsi, l'idée de la bisexualité humaine ou la notion de période de latence viennent de là. Fließ est sans aucun doute pour Freud une image idéalisée qu'il nomme d'ailleurs « mon autre moi-même ».

La question de la formation de Freud, du point de vue analytique, et le rôle de Fließ dans celle-ci, ont fait l'objet de très nombreux débats. Pendant longtemps a dominé l'idée que Freud aurait fait une auto-analyse. Cette conception de la formation analytique de Freud avait l'avantage, comme l'a souligné récemment Erik Porge, de justifier après coup des standards de formation qui ne seront mis en place que beaucoup plus tard. Car l'analyse personnelle deviendra le passage obligé de tout devenir analyste.

Mais la publication d'une partie de la correspondance avec Fließ — où celui-ci apparaît étrangement silencieux, puisque nous ne possédons que les lettres de Freud — et l'importance, comme nous l'avons souligné, des élaborations théoriques que l'on peut y trouver, mais aussi des traits particuliers de cette longue amitié passionnée, conduiront Octave Mannoni à y situer l'analyse originelle même : « C'est qu'avec Breuer, Freud a appris beaucoup de choses ; mais avec Fließ, il a fait sa propre analyse, et posé en quelque sorte le modèle de l'analyse (la sienne) tel que les analyses ultérieures ne pourront que le répéter[14]. »

---

14. O. Mannoni, *Freud*, *op. cit.*, pp. 52-53.

Le mouvement de cette relation peut donc se lire comme le chemin d'une analyse. On peut même y remarquer, avec Octave Mannoni, le statut que prend la théorie dans cette élaboration. Ainsi, *L'Esquisse d'une psychologie scientifique* sera rédigé dans «cette période extraordinairement troublée, troublée à la façon, précisément, d'une analyse qui "marche"», et «Freud va faire les découvertes les plus importantes et avoir ces intuitions dont il a dit *qu'on ne les a qu'une fois dans sa vie*[15]». Or, c'est «dans un dernier effort de la *résistance*, [qu']il se jette dans un immense travail théorique». Ainsi, la théorie a ce statut paradoxal dans la psychanalyse, à la fois tentative de fixer quelque chose par un écrit, effort de la résistance, et en même temps témoignage que celle-ci est aussi œuvre du travail analytique lui-même.

Freud a été partie prenante du délire de Fließ et les propositions de celui-ci se retrouvent d'une manière transposée dans les travaux freudiens. C'est plus encore le lien à proprement parler transférentiel avec Fließ qui est fondamental pour la naissance de la psychanalyse. Si l'idée d'une auto-analyse paraît aujourd'hui difficilement soutenable, peut-être n'est-il pas suffisant de confondre cette analyse originelle avec la relation avec Fließ. Freud lui-même, bien que parlant de son «auto-analyse», l'indiquait en disant qu'il devait pour cela s'analyser comme un autre[16]. Celle-ci fut sans aucun doute au cœur de ce moment initial, mais elle ne fut pas seule. Il y eut aussi Breuer et les premiers patients de Freud, etc. Erik Porge peut écrire : «L'analyse "originelle" de Freud certes a eu lieu mais nous ne pouvons l'affirmer que dans *l'après-coup*, par ce que nous savons de sa pratique d'analyste inventant la psychanalyse. C'est parce que Freud a inventé la position de l'analyste, a su la tenir, et en a transmis l'expérience à d'autres, que nous reconnaissons aujourd'hui que sa propre analyse n'était pas une auto-analyse[17].» Ainsi, l'analyse met la question de l'origine en crise, tout comme la théorie du trauma, écartelée

15. *Id.*, pp. 56-57.
16. Voir *infra* pp. 107-109.
17. E. Porge, *Vol d'idées ?, Wilhelm Fließ, son plagiat et Freud*, suivi de *Pour ma propre cause de Wilhelm Fließ*, Paris, Denoël, coll. «L'Espace analytique», 1994, pp. 229-230.

entre les deux temps qui lui sont nécessaires : d'une part l'« événement », d'autre part le souvenir et l'effet d'après-coup.

2.4 Le fantasme et l'Œdipe

Le 21 septembre 1897, Freud écrit à Fließ : « Je ne crois plus à ma *neurotica*[18]. » Il donne à cela quatre motifs. Tout d'abord « les déceptions répétées que je subis lors de mes tentatives pour pousser mes analyses jusqu'à leur véritable achèvement ». Ensuite « la surprise de constater que, dans chacun des cas, il fallait accuser le père de perversion ». Cette fréquence et le nombre de pères pervers qu'il faudrait supposer rendent l'hypothèse peu soutenable. Ensuite, « la conviction qu'il n'existe dans l'inconscient aucun "indice de réalité", de telle sorte qu'il est impossible de distinguer l'une de l'autre la vérité et la fiction investie d'affect ». Enfin, « dans les psychoses les plus avancées, le souvenir inconscient ne jaillit pas ». L'abandon de la séduction précoce comme cause de la névrose se fait dans une période très intense de son « auto-analyse ».

Tout de suite après cette lettre à Fließ, une autre évoque la question de son lien à ses parents : « J'ai trouvé en moi, comme partout ailleurs, des sentiments d'amour envers ma mère et de jalousie envers mon père, sentiments qui sont, je pense, communs à tous les jeunes enfants, même quand leur apparition n'est pas aussi précoce que chez les enfants rendus hystériques [...]. S'il en est bien ainsi, on comprend, en dépit de toutes les objections rationnelles qui s'opposent à l'hypothèse d'une inexorable fatalité, l'effet saisissant d'*Œdipe-Roi* [...] la légende grecque a saisi une compulsion que tous reconnaissent parce que tous l'ont ressentie. Chaque auditeur fut un jour en germe, en imagination, un Œdipe et s'épouvante devant la réalisation de son rêve transposé dans la réalité, il frémit suivant toute la mesure du refoulement qui sépare son état infantile de son état actuel[19]. »

18. S. Freud, *La Naissance de la psychanalyse*, *op. cit.*, p. 190.
19. *Id.*, p. 198.

Ainsi, les scènes de séduction subies par les hystériques sont fantasmatiques, et ces fantasmes «se produisent par une combinaison inconsciente de choses vécues et de choses entendues»[20]. Mais ces choses ne sont utilisées qu'après coup, car au moment où elles ont été perçues elles n'ont pas été comprises, et le sens n'en viendra que plus tard. Pour autant, cette évolution de la théorie freudienne ne rejette pas la notion de trauma qui sera remaniée par la suite. Mais c'est seulement ainsi que l'Œdipe peut apparaître. Si la biographie de Freud est en elle-même d'un intérêt clinique fondamental, nécessité et contingence s'y mêlent pourtant d'une façon indécidable. Les particularités de la vie de Freud ont toute leur importance — jusques et y compris la mort de son père en 1896, un an avant qu'il ne découvre le complexe d'Œdipe — mais il aura fallu aussi des rencontres particulières et précieuses, le «transfert» sur Fließ, la pratique de Freud, sa démarche, sa passion de la vérité, et surtout la prise au sérieux de l'énigme de son désir.

3. L'INCONSCIENT FREUDIEN

3.1 Le rêve et les formations de l'inconscient

Le rêve, cette «voie royale», a tenu une place considérable dans ce que Freud appelait son auto-analyse. Il la nommait ainsi et en même temps, comme nous l'avons déjà signalé, disait que l'auto-analyse était impossible et qu'il devait s'analyser lui-même comme un autre. Le rêve fut ce moyen, processus pathologique normal à travers lequel Freud put démêler son identification aux hystériques et mettre en évidence le complexe d'Œdipe et la place du père.

L'Interprétation des rêves

L'Interprétation des rêves paraît en 1899, trois ans après que Freud a utilisé pour la première fois le mot de psychanalyse. De ce livre qu'il choisit de publier — ce qu'il n'aura pas fait pour *L'Esquisse d'une psychologie scientifique* — et dans lequel il joue en quelque sorte son

20. *Id.*, p. 180.

«va-tout», comme pourra le dire Lacan, de ce livre Freud attendait un scandale. Or, il passa quasiment inaperçu.

Le plan du livre lui-même se présente comme un certain nombre d'autres livres de Freud sur un mode «positiviste» ou plutôt comme celui hérité de sa pratique de biologiste. Tout d'abord, une recension de la littérature concernant le thème en question, ici le rêve, suivi de très nombreux exemples cliniques mettant en évidence à chaque fois une notion ou un aspect particulier du rêve, enfin un chapitre théorique, ici le fameux chapitre VII qui reprend, allégées de la neurophysiologie de l'*Esquisse*, la plupart des propositions qu'il avait avancées dans celle-ci.

Parmi ces rêves, prenons un exemple : le rêve de la monographie botanique[21].

«Contenu du rêve : *J'ai écrit la monographie d'une certaine plante. Le livre est devant moi, je tourne précisément une page où est encarté un tableau en couleur. Chaque exemplaire contient un spécimen de la plante séchée, comme un herbier.*» Il ne peut être ici question de reprendre l'ensemble de l'interprétation que propose Freud de ce rêve, mais seulement d'en donner succinctement quelques éléments pour en saisir la méthode. Si le rêve se présente comme une série d'images, Freud le lit comme un rébus. Il ne s'agit pas, à propos de ce rêve, par exemple de dessiner les images qui lui sont apparues, mais de soumettre à l'analyse le récit du rêve. De même dans la pratique analytique, nous avons affaire à ce récit, c'est-à-dire à la dimension verbale, langagière. De plus, les mots qui composent le récit du rêve sont eux-mêmes la source de chaînes associatives et ce sont elles seules qui permettent d'en produire l'interprétation. En ce sens, *L'Interprétation des rêves* n'est en aucun cas une clé des songes ou une nomenclature immuable d'un symbolisme des rêves. Seules les associations qui viennent après le récit du rêve en fournissent l'interprétation. Car chaque rêve est singulier, et le dormeur en est toujours le personnage central.

Freud évoque aussitôt un souvenir du jour précédent : il voit à la devanture d'une librairie un livre intitulé *L'Espèce Cyclamen*. Or, c'est la

21. S. Freud, *L'Interprétation des rêves* (1900*a*), trad. I. Meyerson, Paris, PUF, 1967, pp. 153-160, 245-247, 263-264, 398 ; *G.W.* II-III.

fleur préférée de sa femme. Il lui vient aussitôt le reproche qu'il se fait d'oublier trop souvent de lui *apporter des fleurs*.

Le terme de *monographie* le conduit à celle qu'il a écrite à propos de la coca. Ce travail sur la cocaïne qui a longuement occupé Freud ne lui a pas permis d'atteindre la gloire. Celle-ci est revenue à *Koller* qui en a découvert les propriétés anesthésiques. Freud s'était contenté de les indiquer dans sa monographie, sans pour autant les développer. Ceci l'amène à se souvenir d'une intervention opérée par son ami, *l'oculiste Königstein*, le *docteur Koller* assurant l'anesthésie. Il fait remarquer à cette occasion que les trois personnes qui ont participé à l'introduction de la cocaïne dans le domaine de l'ophtalmologie, à savoir Königstein, Koller et Freud lui-même, étaient présentes. Il se souvient également que, dans le volume commémoratif édité pour le jubilé du directeur du laboratoire, on citait entre autres la découverte des propriétés anesthésiantes de la cocaïne par Koller, et l'on y omettait son nom.

La veille, Königstein accompagnait Freud lors d'une promenade, pendant laquelle ils ont croisé le professeur Gärtner (jardinier en allemand) ainsi que sa jeune femme. Freud se souvient de les avoir félicités pour leurs mines *florissantes*. Or, Gärtner est l'un des auteurs de ce volume commémoratif pour le jubilé.

Je vois devant moi évoque la formule d'un de ses amis de Berlin lui disant qu'il voit devant lui le livre de Freud achevé, c'est-à-dire celui qu'il est en train d'écrire, *L'Interprétation des rêves*.

La plante séchée se relie à des souvenirs d'adolescence et à l'herbier du lycée qu'on avait trouvé rempli de petits vers (*Bücherwurm*). Les associations concernant la botanique le conduisent à l'*artichaut* qui est sa fleur préférée et que sa femme, meilleure que lui, dit-il, lui rapporte souvent du marché. Cet artichaut lui rappelle un souvenir d'enfance où, avec sa sœur, il arrachait feuille à feuille les pages d'un livre, comme s'il s'était agi d'un artichaut.

Ce souvenir-écran le renvoie à sa bibliophilie d'adulte — il est un *Bücherwurm* — et à ses dépenses parfois excessives chez le libraire. Ceci lui rappelle des reproches : il cède trop à sa fantaisie.

Au bout du compte, le rêve a d'une part, comme le souligne Freud, le caractère d'un plaidoyer, d'une justification : « Je suis l'homme qui a fait sur la cocaïne un travail de valeur, un travail fécond — de même que je disais alors : je suis un étudiant laborieux ; dans les deux cas la conclusion est : je peux me permettre cela. »

Freud indique bien qu'il ne poursuit pas au-delà l'interprétation de ce rêve, mais l'on voit bien — et Lacan, par exemple, le soulignera — que ce rêve effectivement est une protestation liée à l'ambition de Freud. Il se sent « méconnu par la société, et entravé dans ses ambitions[22] ». L'autre fil du rêve conduit à la façon dont il se reproche de ne pas apporter assez souvent des fleurs à sa femme et qui pourrait se formuler ainsi crûment, comme le dit Lacan : « je n'aime plus ma femme ». Freud d'ailleurs évoque les propos d'une patiente qui ne s'est pas méprise sur l'oubli inhabituel de fleurs que son mari lui offrait le jour de son anniversaire. Elle sait ce que cela veut dire, et Freud aussi. Ce rêve est produit dans un moment où Freud attend une nomination universitaire. Mais ce qui noue les fils du rêve, c'est que Freud reproche à sa femme de l'avoir fait venir d'urgence auprès d'elle à l'époque où il effectuait ses travaux sur la cocaïne. Et il a le sentiment que s'il n'en avait pas été ainsi, il aurait fait la découverte qui vaut aujourd'hui la gloire à Koller. En effet, « ce fut la faute de ma fiancée si je ne suis pas devenu célèbre dès ces années de jeunesse[23] ».

L'essentiel est la notion de *travail du rêve*. Sa fonction est de transformer des pensées latentes en contenu manifeste, et ce sont les pensées latentes que l'interprétation doit mettre au jour à partir du contenu manifeste. Sans trop entrer dans le détail, deux mécanismes fondamentaux sont révélés par le rêve : la *condensation* et le *déplacement*. Ils appartiennent tous les deux au processus primaire qui caractérise le système inconscient, par opposition au processus secondaire, propre au système préconscient-conscient.

Une représentation condense plusieurs éléments, elle conduit à plusieurs chaînes associatives. Ainsi pour le terme « monographie botanique », Freud écrit : « Non seulement la représentation composée, globale "*monographie botanique*", mais chacun de ses éléments "*botanique*" et "*monographie*", isolé, pénètre profondément par des associations nombreuses dans le chaos

---

22. J. Lacan, *Les Écrits techniques de Freud*, Le Séminaire, Livre I, texte établi par J.-A. Miller, Paris, Le Seuil, coll. « Le champ freudien », 1975, p. 296.
23. S. Freud, *Sigmund Freud présenté par lui-même, op. cit.*, p. 25.

des pensées du rêve». À ce terme se rattachent l'espèce cyclamen, la monographie sur la cocaïne, le livre jubilaire, l'oculiste Königstein, mais aussi le professeur Gärtner et sa femme florissante, ainsi que les fleurs que Freud, tout comme le mari de sa patiente, oubliait d'apporter à sa femme, l'artichaut, le *Bücherwurm*, etc. Ce terme de monographie botanique est le produit d'un phénomène de condensation.

Dans l'interprétation d'un rêve, on s'aperçoit que le terme qui apparaît comme mis le plus en valeur n'est généralement pas le centre du rêve. «Le rêve est *autrement centré*, son contenu est rangé autour d'éléments autres que les pensées du rêve.» Dans le rêve considéré, le centre, souligne Freud, est le mot «botanique», alors que les pensées du rêve tournent autour de son ambition et de sa femme. Comme il le souligne, «dans tout cela nulle place pour l'élément *botanique*». Ainsi, le déplacement se caractérise dans le rêve par le fait que l'accent mis sur un élément peut n'être que le déplacement de ce qui insiste quant à un autre.

Deux autres éléments du travail du rêve sont à citer : *la prise en considération de la figurabilité* par le matériel psychique propre au rêve — il s'agit, le plus souvent, des images visuelles — et *l'élaboration secondaire.* La censure tend à rendre compréhensible le rêve manifeste.

Pourquoi le rêve apparaît-il ainsi et que manifeste-t-il ? «Le rêve est un acte psychique complet ; sa force pulsionnelle est toujours un désir à accomplir ; sa non-reconnaissance en tant que désir, ses bizarreries et ses absurdités multiples proviennent de la censure psychique qu'il a subie lors de sa formation», écrit Freud. Ce que Freud souligne plus loin : «*Le désir représenté dans le rêve est nécessairement infantile*. Il provient, chez l'adulte, de l'inconscient.» Dans le chapitre VII de *L'Interprétation des rêves*, Freud donne un modèle métapsychologique complet de la topique inconscient-préconscient-conscient. Il y donne également une définition de la régression, question sur laquelle nous reviendrons. Il distingue ici une régression topique, une régression temporelle et une régression formelle.

Le travail du rêve est identique à l'activité psychique des névroses, ce qui permet à Freud d'écrire : «Cette élaboration psychique anormale d'une pensée normale ne peut avoir lieu que lorsqu'a été transféré, sur cette pensée normale, un désir inconscient d'origine infantile et qui se trouve refoulé.» Nous noterons au passage le terme de transfert et d'autre part celui de refoulement. Nous les développerons plus loin, mais on peut indiquer déjà que le refoulement tend à maintenir dans l'inconscient des représentations liées à une pulsion. Il est le fait de la censure. Il faut néanmoins insister avec Octave Mannoni : « l'idée d'une interprétation *complète* n'a pas grand sens [...] Tout rêve a un *ombilic*, par où il communique avec l'inconnu[24]. »

Il faut associer à *L'Interprétation des rêves* deux autres livres qui forment avec lui un trépied théorique concernant l'inconscient et ses manifestations langagières.

La *Psychopathologie de la vie quotidienne* et *Le Mot d'esprit [...]*

La Psychopathologie de la vie quotidienne, qui paraît en 1901, efface un peu plus, comme son titre l'indique, la frontière entre le pathologique et le normal. Freud y analyse les phénomènes courants d'oubli de noms, de lapsus, d'actes manqués, etc. Le livre se conclut lui aussi par un chapitre théorique, après une kyrielle d'exemples — tirés de sa propre expérience, de sa vie personnelle, de son travail avec ses patients, de la littérature, etc. — où Freud traite de la question du déterminisme. Le fonctionnement de l'appareil psychique est entièrement déterministe. Et c'est cela que la psychanalyse dévoile : ces zones d'ombre laissées de côté par la science, ces petits accidents de la vie ou ces forces irrationnelles qui semblent traverser les sujets obéissent aussi à une rationalité et sont l'œuvre d'un système déterminé.

Le troisième de ces livres est *Le Mot d'esprit dans ses rapports avec l'inconscient* qui paraît en 1905. Freud se pose la question de savoir d'où vient le plaisir du mot d'esprit. La réponse qu'il propose est que celui-ci permet, dans une forme socialement admise, de se livrer à un plaisir infantile, celui d'un jeu sur les mots selon les lois du processus primaire. Le mot d'esprit en ce sens procède du même registre que le rêve, tout comme la poésie et la création artistique. C'est l'origine infantile du jeu de mots qui explique son plaisir, mais aussi le fait qu'il est le lieu d'une levée de l'inhibition. Quelque chose échappe au refoulement, et Freud insiste ici sur la place de cet autre à qui est adressé le mot d'esprit et sur

---

24. O. Mannoni, *Freud*, *op. cit.*, p. 66.

l'importance de sa réaction. Ces trois livres déploient les lois du fonctionnement de l'inconscient et démontrent le déterminisme psychique.

3.2 La théorie sexuelle

Il ne peut être question ici de suivre pas à pas toutes les publications de Freud. Il peut paraître arbitraire d'avoir privilégié tel ou tel texte et l'on protestera, à juste titre sans doute, contre l'oubli de tel ou tel autre. Le privilège accordé à certains n'est pas seulement lié au souci de souligner les points essentiels qu'ils présentent dans l'avancée de la théorie freudienne, mais il procède aussi d'un souci propédeutique qui est celui du cadre de cet exposé.

1905 est encore l'année où Freud publie les *Trois essais sur la théorie sexuelle*. Ce livre paraît bien différent des trois précédents dont nous avons parlé. Il y esquisse une séparation entre une voie propre à l'interprétation, voie langagière, et d'autre part l'amorce d'une autre voie, avec les *Trois essais*, non contradictoire. Avec Octave Mannoni, nous pouvons remarquer que « la psychanalyse est fondée sur deux piliers distincts, presque indépendants, en tout cas fort différents : *L'Interprétation des rêves* et les *Trois essais*[25] ». Dès le départ, deux voies s'offrent pour tenter de cerner ce qui, en quelque sorte, est au-delà de ce qui peut se dire. La théorie analytique apparaît comme résistante à toute systématisation et les différentes étapes des travaux freudiens, comme nous le verrons par la suite, ne constituent pas à proprement parler un progrès par rapport à un état antérieur de la théorie. Freud d'ailleurs ne renie jamais ses avancées précédentes. Celles-ci peuvent être considérées comme autant de facettes d'un objet qui ne peut se saisir dans sa totalité. Lacan comparera ce travail au collage, au sens où ont pu le faire les surréalistes, où il s'agit non pas d'effacer les jointures, mais bien au contraire de les faire apparaître, lieux vides, blancs, espaces, etc.

D'autre part, les *Trois essais* ont une importance considérable dans la façon dont ils vont, en tant que théorie de l'infantile, irriguer et fournir un modèle à la psychanalyse des enfants, mais aussi offrir la possibilité d'une organisation de la psychopathologie en la référant à la métapsychologie.

25. *Id.*, p. 105.

Aujourd'hui, alors que l'observation directe a fait retour dans le champ de la psychanalyse et de la psychiatrie de l'enfant d'une façon massive, nous devons retenir que la démarche de Freud fut tout autre. Les théories concernant l'infantile furent établies à partir de l'analyse des adultes, et Freud ne se précipita pas dans cette voie de l'observation qui pourtant avait déjà les faveurs des chercheurs à cette époque. Pour lui, cette voie était une impasse et il put écrire dans la préface qu'il rédigea en 1920 pour la quatrième édition des *Trois essais* : « Si les hommes savaient tirer la leçon de l'observation directe des enfants, il n'aurait pas été utile d'écrire ces *Trois essais*[26]. » Mais ils ne le peuvent pas à cause de la « singulière *amnésie* qui dissimule à la plupart des hommes (pas à tous !) les six ou huit premières années de leur enfance[27] ». Cet oubli n'est pas fortuit, il est, dirons-nous, de structure, et Freud réaffirma à plusieurs reprises que le seul moyen pour obtenir ces informations est la psychanalyse : « Personne, en dehors des médecins qui pratiquent la psychanalyse, n'a la moindre occasion d'accéder à ce domaine[28]. »

Les *Trois essais* comportent trois parties réaménagées, et développées au fur et à mesure des éditions qui se succéderont jusqu'en 1925. Une première partie traite des aberrations sexuelles, une seconde de la sexualité infantile et la dernière des métamorphoses de la puberté. Le fait d'appuyer une étude de la sexualité humaine sur la perversion d'une part et sur la sexualité infantile d'autre part, peut paraître étonnant, mais elle a avant tout comme effet de « détacher la sexualité des organes génitaux » et de « permettre de subsumer l'activité sexuelle des enfants et des pervers sous les mêmes points de vue que celle des adultes normaux[29] ». On comprend ce qui a pu faire scandale dans un tel projet.

Freud avance la nécessité de distinguer le sexuel du génital. De même, il faut distinguer l'infantile de l'enfant et la sexualité infantile ne recouvre pas ce que l'on pourrait appeler la sexualité des enfants. Enfin, on remarquera que l'idée d'une normalité introduisant la notion d'un écart par

---

26. S. Freud, *Trois essais sur la théorie sexuelle* (1905*d*), trad. P. Koeppel, Paris, Gallimard, coll. «Connaissance de l'Inconscient», 1987, p. 32; *G.W.* V.
27. *Id.*, p. 95.
28. *Id.*, p. 32.
29. S. Freud, *Sigmund Freud présenté par lui-même*, *op. cit.*, pp. 63-64.

rapport à une norme du comportement sexuel n'est pas le biais que Freud prend pour aborder cette question. Pour autant, cela ne veut pas dire qu'il n'y a pas de fonction normative — et non pas normalisante — comme nous le verrons à propos du complexe d'Œdipe et de la fonction du père. Il se distingue des sexologues, d'autant plus qu'il ne reprend pas l'idée d'un instinct sexuel mais qu'il propose le terme de pulsion. Il introduira ensuite diverses notions ; ainsi celle de *pulsions partielles* qui sont supposées se fondre à la puberté, mais cette fusion n'est jamais totale. Il y a toujours un reste, comme le souligne Octave Mannoni. Ce reste est très très important, car il participe de certaines formes du lien social, et d'autre part on le retrouve aussi à la source de l'activité créatrice. Par rapport à *L'Interprétation des rêves,* articulée autour de la notion de désir, c'est ici la notion de pulsion qui domine.

Enfin, dans ce livre, Freud propose une théorie des stades libidinaux qui n'apparaissent en fait que dans l'édition de 1915. Mais cette théorie des stades est exposée avec un préalable qui est la nécessité pour Freud de penser une *phase de latence.* Cette notion est un reliquat des théories de Fließ et aussi de la théorie du trauma. On se souvient que le trauma nécessitait deux temps dont un temps de latence entre les deux. De la même manière, cette phase de latence est une coupure entre deux temps — infantile et pubertaire. On insistera donc sur l'importance de la notion d'*après-coup* dans la théorie freudienne.

«Le fait de *l'instauration en deux temps* du développement sexuel chez l'homme, autrement dit l'interruption de ce développement par la période de latence, nous parut digne d'une attention particulière. Il semble qu'il renferme une des conditions de l'aptitude de l'être humain à développer une culture supérieure, mais aussi de sa tendance à la névrose. À notre connaissance, rien d'analogue ne peut être démontré chez les animaux apparentés à l'homme. Pour retrouver l'origine de cette particularité humaine, il faudrait remonter à la préhistoire du genre humain[30]», c'est-à-dire ce qui excède l'histoire même du sujet. L'entrée dans la phase de latence se fait par le refoulement de la sexualité infantile avec des phénomènes de désexualisation de l'objet, refoulement qui correspond au déclin

30. S. Freud, *Trois essais sur la théorie sexuelle*, *op. cit.*, pp. 183-184.

de l'Œdipe — au moins chez le garçon — et qui explique l'amnésie des premières années. L'effet libidinal de la puberté met fin à la période de latence.

Dans son exposé des stades, bien que Freud propose cette élaboration à partir de l'analyse des adultes, il ne renonce pas pour autant à s'appuyer sur les travaux d'observation. Ainsi en va-t-il du suçotement qu'il désigne comme une jouissance et à propos duquel il évoque les travaux du pédiatre hongrois Lindner. Il la décrit ainsi : « La succion voluptueuse s'accompagne d'une distraction totale de l'attention et conduit, soit à l'endormissement, soit même à une réaction motrice dans une sorte d'orgasme[31]. » Dans un premier temps, « l'activité sexuelle s'étaye tout d'abord sur une des fonctions servant à la conservation de la vie et ne s'en affranchit que plus tard ». Ensuite « le besoin de répétition de la satisfaction sexuelle se sépare du besoin de nutrition ». Dès lors, les lèvres, la cavité buccale auront « tenu le rôle d'une zone érogène ».

Après le stade oral vient le stade anal. Ces deux stades sont le lieu, pour Freud, d'une activité autoérotique, et pourtant ils relient à d'autres : l'autre qui nourrit, ou l'autre à qui l'enfant fait don de ses fèces. Le stade anal est lié à l'éducation sphinctérienne. Les premiers stades sont dits stades prégénitaux. Il faut distinguer cette notion de prégénital de la notion de préœdipien qui interviendra beaucoup plus tardivement dans l'œuvre freudienne, et qui n'est pas sans poser de nombreux problèmes. Pour revenir sur la question de l'observation, Freud souligne d'ailleurs que ces stades passeraient inaperçus à l'observation superficielle. Ils sont traversés en douceur et ne se manifestent que par des « indices ».

Le stade d'objet génital se fait donc en deux temps. Une première période entre deux et cinq ans, puis une seconde à la puberté, séparées par la période de latence. À ces objets que sont le sein, les fèces, prélevés ou échangés avec l'autre, succède une relation avec un autre total. Ce qui n'est pas là aussi sans poser de singulières questions sur lesquelles nous reviendrons plus loin.

31. *Id.*, p. 103.

3.3 Le narcissisme

Freud a enrichi constamment ce premier modèle théorique que nous avons succinctement présenté. En particulier, il a établi l'universalité du complexe d'Œdipe et a même proposé un mythe — dans *Totem et tabou*[32] — pour rendre compte de la question du père. Ce mythe est un mythe préhistorique, c'est-à-dire qu'il s'enracine au-delà de l'histoire du sujet. À l'origine de l'humanité, Freud suppose une horde à demi sauvage, dirigée par un chef, un père qui posséderait toutes les femmes du groupe et en priverait les autres hommes, ses fils. Ceux-ci ourdissent un complot pour tuer le père. Le meurtre accompli, la rivalité entre les frères pour la possession des femmes conduirait au massacre. Ceux-ci établissent alors un pacte, totémisent le père mort et déclarent les femmes tabous. Ce meurtre d'un père jouisseur possédant toutes les femmes et en privant les fils est la base du lien social symbolique qui liera les frères entre eux. Car en totémisant le père mort, c'est la Loi de celui-ci qui s'impose. Freud retrouvera aussi la question du complexe paternel dans la paranoïa du président Schreber[33].

Son débat avec Jung à propos de la schizophrénie va l'amener à une première révision de l'édifice théorique construit jusque-là, avec l'essai *Pour introduire le narcissisme*[34], publié en 1914. La question du narcissisme avait déjà été abordée les années précédentes, précisément dans *Totem et tabou* et le président Schreber ; mais dans *Pour introduire le narcissisme*, sa prise en compte et le développement que Freud propose le conduiront beaucoup plus loin.

32. S. Freud, *Totem et tabou* (1912-1913), trad. M. Weber, Paris, Gallimard, coll. «Connaissance de l'Inconscient», 1993 ; *G.W.* IX ; OCF.*P.* XI.
33. S. Freud, «Remarques psychanalytiques sur l'autobiographie d'un cas de paranoïa (*dementia paranoides*) (le Président Schreber)» (1911*c*), trad. M. Bonaparte, R. Löwenstein, in *Cinq psychanalyses*, Paris, PUF, coll. «Bibliothèque de psychanalyse», 1970 ; *G.W.* VIII ; OCF.*P.* X.
34. S. Freud, «Pour introduire le narcissisme» (1914*c*), trad. J. Laplanche, in *La Vie sexuelle*, Paris, PUF, coll. «Bibliothèque de psychanalyse», 1969 ; *G.W.* X.

En 1914, il rappelle que le narcissisme a été considéré jusque-là comme une perversion. Mais ce qu'il veut traiter, ce n'est pas le narcissisme en tant que perversion, mais le narcissisme en tant que «complément libidinal à l'égoïsme de la pulsion d'autoconservation dont une part est, à juste titre, attribuée à tout être vivant[35]». Il justifie son intérêt pour la notion de narcissisme et la nécessité de développer cette question par les problèmes que pose la démence précoce ou schizophrénie à la théorie analytique. Freud s'appuie pour cela sur l'étude de la maladie organique, de l'hypocondrie, de la vie amoureuse, mais c'est surtout l'approche de la psychose qui oblige à ce remaniement théorique.

Il s'en explique dès le début de son article car il est clair pour lui, et c'est ce qui se produira, que ces propositions mettent en question ce qui paraissait être les fondements mêmes de l'édifice théorique qu'il avait jusque-là construit.

En effet, la théorie freudienne distinguait une libido sexuelle d'une énergie non sexuelle liée aux pulsions du moi. Mais discuter cette distinction ne remet pas en cause, dit Freud, l'édifice psychanalytique, car ces idées premières «ne sont pas le fondement de la science [...] mais le faîte de tout l'édifice, et elles peuvent sans dommage être remplacées et enlevées[36]». Ce qui est fondamental, c'est l'observation, c'est-à-dire la pratique analytique. La première théorie, souligne Freud, fut élaborée à partir des névroses de transfert (hystérie et névrose obsessionnelle). De plus, cette distinction première entre pulsion du moi et pulsion sexuelle «repose pour une très petite part sur un fondement psychologique et s'appuie essentiellement sur la biologie[37]». Or il y a lieu dans la démarche analytique de maintenir à distance tout ce qui est hétérogène au projet, y compris la biologie.

L'individu est au cœur de deux finalités parfois contradictoires. D'une part «il est à lui-même sa propre fin», et d'autre part il est le «maillon d'une chaîne à laquelle il est assujetti contre sa volonté, ou du moins sans l'intervention de celle-ci». La sexualité est en quelque sorte au carrefour de

35. *Id.*, p. 82.
36. *Id.*, p. 85.
37. *Id.*, p. 86.

cela. Cette double polarité refléterait la distinction des pulsions sexuelles et des pulsions du moi. Ce que Freud énonce ici ne sera pas sans fonder ce qu'il développera par la suite quant à sa nouvelle théorie des pulsions.

Or, la psychose montre que le moi peut être investi libidinalement comme un objet, en même temps que l'objet est lui-même désinvesti. La libido est dès lors partagée entre libido du moi et libido d'objet. La théorie du narcissisme permet de décrire la relation amoureuse, à la fois investissement d'objet et investissement narcissique, mais surtout la notion de narcissisme précise et remanie la notion du moi. Le moi n'est plus le lieu de l'adaptation, mais il devient «aussi un personnage de la fantaisie, un objet imaginaire, un miroir à mirage — et l'agent de la folie au moins autant que de la raison[38]».

4. La deuxième topique

En 1915, Freud se propose de présenter un exposé complet des principaux concepts de la psychanalyse. Il n'achèvera pas ce projet, bien qu'il donnera dans le recueil intitulé *Métapsychologie* quelques-uns des textes les plus importants, comme *Pulsions et destins des pulsions*, *Le Refoulement*, *L'Inconscient*, etc. Un exposé systématique n'a pas été possible, sans doute pour des raisons intrinsèques à la théorie elle-même. De même, quelques années auparavant, Freud avait formé le projet d'écrire un grand ouvrage sur la technique psychanalytique, mais là non plus il ne l'a pas terminé pour des raisons qui tiennent aussi au problème que pose la notion même de technique en psychanalyse.

Avec l'article sur le narcissisme, la première théorie freudienne est remise en question. Il ne serait pas pertinent de considérer que ce que Freud va avancer par la suite est un dépassement du premier modèle. Un autre modèle s'articulera au premier tout en laissant aussi un certain nombre de béances.

38. O. Mannoni, *Freud*, *op. cit.*, pp. 151-152.

4.1 La pulsion de mort

Le fantasme

Dans ces années-là, Freud spécifie un certain nombre de notions, ainsi celle de fantasme. Au départ pour lui, les fantasmes étaient une sorte de scénario imaginaire qui pouvait être conscient. Nous avons vu comment la naissance de la psychanalyse allait de pair avec l'abandon de la théorie du trauma, et la découverte que les scènes de séduction qui revenaient de façon régulière dans les cures des patientes hystériques de Freud, étaient des fantasmes. La scène pouvait avoir eu lieu, mais pouvait tout aussi bien ne pas avoir eu lieu du tout. Le fantasme était donc lié au désir, en tant qu'il essaie de reproduire un mode premier de satisfaction à jamais perdu. Freud va ensuite découvrir peu à peu que le fantasme n'est pas simplement une réédition de désirs anciens surgissant dans la vie du sujet, mais qu'il est aussi ce qui sert de cadre aux désirs actuels. Le sujet recherche cette satisfaction, ce plaisir, suivant le mode du déplacement, dans sa vie actuelle.

Mais en 1919, à partir d'un article intitulé « Un enfant est battu »[39], et qui provient pour partie de l'analyse que sa propre fille Anna a poursuivie avec lui — le premier texte écrit par Anna Freud concernait les fantasmes de fustigation —, Freud va montrer que les fantasmes inconscients ont une inscription fondamentale puisqu'une part même du fantasme ne peut pas être retrouvée dans la cure. Ce fantasme ne peut être que reconstruit, car il a succombé au refoulement originaire.

Au-delà du principe de plaisir

L'année suivante, en 1920, Freud publie le texte qui aura une valeur inaugurale pour le nouvel état de la théorie, *Au-delà du principe de plaisir*[40]. Freud y amorce ce qu'il est convenu d'appeler sa seconde topique, qu'il

39. S. Freud, « "Un enfant est battu". Contribution à la connaissance de la genèse des perversions sexuelles » (1919*e*), trad. D. Guérineau, in *Névrose, psychose et perversion*, Paris, PUF, coll. «Bibliothèque de Psychanalyse», 1973 ; *G.W.* XII ; OCF.*P.* XV.
40. S. Freud, «Au-delà du principe de plaisir» (1920*g*), trad. J. Laplanche, J.-B. Pontalis, in *Essais de psychanalyse*, Paris, Payot, 1981 ; *G.W.* XIII ; OCF.*P.* XV.

exposera dans *Le Moi et le Ça*[41]. On admet qu'il y a deux topiques chez Freud, la première étant exposée dans le chapitre VII de *L'Interprétation des rêves*. Mais nous avons vu qu'elle plonge ses racines dans les élaborations antérieures de Freud, et ce qu'il a produit ensuite est le développement de ce premier exposé. La seconde topique est développée à partir de 1920 et met l'accent non plus sur la distinction entre les trois systèmes — inconscient, préconscient et conscient — du premier état de la théorie, mais sur trois instances, le Ça, le Moi et le Surmoi. Il n'y a pas substitution d'un modèle à un autre, puisque les termes du premier état de la théorie continueront d'être présents dans le second, mais plutôt un nouveau point de vue, une nouvelle facette de ce que tente de cerner l'analyse.

Jusque-là régnait la notion de dualité des principes : principe de plaisir et principe de réalité. Le principe de plaisir vise à ramener à un niveau aussi bas que possible le degré de tension psychique. L'élévation de la tension est assimilée au déplaisir ; son abaissement au plaisir. Il s'articule à un autre principe, le principe de constance, dont le but est de maintenir le plus faible possible le niveau d'excitation de l'appareil psychique. Mais le principe de plaisir seul ne peut expliquer l'ensemble du fonctionnement, car parfois il peut arriver que son mouvement spontané mette le sujet en danger. Il est alors conduit à ajourner la satisfaction : il y a donc un autre principe, c'est le principe de réalité.

Or la clinique montre que ce modèle ne suffit pas à rendre compte de tout ce qui se présente, et en particulier d'un certain nombre de répétitions : par exemple, celles de certains échecs dans une vie, les rêves d'effroi des patients atteints de névrose traumatique, etc. Ainsi, le système qui associe principe de plaisir et principe de réalité « laisse un *reste*[42] », et ce reste, c'est la *compulsion de répétition* elle-même. Pourquoi le sujet est-il conduit à répéter des situations qui sont sources de déplaisir ? Nous l'avons dit, Freud évoque la névrose traumatique, les conduites d'échec, mais c'est surtout à propos du jeu des enfants qu'il fait l'observation la plus importante. Il s'agit « d'étudier le mode de travail de l'appareil psychique dans l'une de ses toutes premières activités normales » et de

---

41. Voir *infra* pp. 37-38.
42. O. Mannoni, *Freud*, *op. cit.*, p. 158.

prendre en considération le fait que dans les mobiles du jeu des enfants, il y a un «gain de plaisir». Freud observe chez un petit garçon d'un an et demi le premier jeu que celui-ci inventa.

Citons ce passage : Ce petit garçon «ne pleurait jamais quand sa mère l'abandonnait pendant des heures, bien qu'il fût tendrement attaché à cette mère qui ne l'avait pas seulement nourri elle-même, mais encore élevé et gardé sans aucune aide extérieure. Cependant, ce bon petit garçon avait l'habitude, qui pouvait être gênante, de jeter loin de lui dans un coin de la pièce, sous le lit, etc., tous les petits objets dont il pouvait se saisir, si bien qu'il n'était souvent pas facile de ramasser son attirail de jeu. En même temps, il émettait avec une expression d'intérêt et de satisfaction un *o-o-o-o*, fort et prolongé, qui, de l'avis commun de la mère et de l'observateur, n'était pas une interjection mais signifiait "parti" [en allemand : *fort*]. Je remarquai finalement que c'était là un jeu et que l'enfant n'utilisait tous ces jouets que pour jouer avec eux à "parti". Un jour, je fis une observation qui confirma ma façon de voir. L'enfant avait une bobine en bois avec une ficelle attachée autour. Il ne lui venait jamais, par exemple, l'idée de la traîner par terre derrière lui pour jouer à la voiture ; mais il jetait avec une grande adresse la bobine, que retenait la ficelle, par-dessus le rebord de son petit lit à rideau où elle disparaissait, tandis qu'il prononçait son *o-o-o-o* riche de sens ; il retirait ensuite la bobine hors du lit en tirant la ficelle et saluait alors sa réapparition par un joyeux "voilà" [en allemand : *da*]. Tel était donc le jeu complet : disparition et retour.»

© S. Freud, «Au-delà du principe de plaisir», trad. J. Laplanche et J.-B. Pontalis, in *Essais de psychanalyse*, Paris, Payot, 1981.

Pour Freud l'interprétation est celle-ci : «Le jeu était en rapport avec les importants résultats d'ordre culturel obtenus par l'enfant, avec le renoncement pulsionnel qu'il avait accompli (renoncement à la satisfaction de la pulsion) pour permettre le départ de sa mère sans manifester d'opposition. Il se dédommageait pour ainsi dire en mettant lui-même en scène, avec les objets qu'il pouvait saisir, le même "disparition-retour".» Le jeu de cet enfant pose à nouveau la question de savoir comment concilier avec le principe de plaisir le fait que ce jeu répète une situation pénible. Il en conclut que dans ce jeu, «l'enfant ne pourrait répéter [...] une impression désagréable que parce qu'un gain de plaisir d'une autre sorte, mais direct, est lié à cette répétition». En effet, souligne Freud, «les impressions les plus douloureuses [...] peuvent mener à un haut degré de jouissance[43]». Le jeu du *fort-da* introduit quelque chose d'essentiel qui est une symbolisation primordiale, celle des allées et venues, des absences/présences de la mère. Cette symbolisation se fait par le moyen du langage, où, comme l'écrit Octave Mannoni, il s'agit «de lier les excitations pulsionnelles, de les soumettre au processus secondaire au moyen de l'activité verbale qui est à la disposition du préconscient».

Si toute pulsion tend à la recréation d'une situation ancienne que le sujet a dû abandonner — ce qui, comme le souligne Octave Mannoni, rapproche ici la notion de pulsion de celle de désir — alors, souligne Freud, on est en droit de supposer l'existence d'une pulsion de mort. Il la définit ainsi : «Une pulsion serait une poussée inhérente à l'organisme vivant vers le rétablissement d'un état antérieur que cet être vivant a dû abandonner sous l'influence perturbatrice de forces extérieures.» La pulsion de mort serait «l'expression de l'inertie dans la vie organique». En effet, l'état antérieur va de soi : «*Le but de toute vie est la mort* et, en remontant en arrière, *le non-vivant était là avant le vivant*[44].» Il y a une pulsion qui tend au retour vers l'inanimé, et l'on se trouve avec une opposition pulsionnelle nouvelle, celle des *pulsions de mort* et des *pulsions de vie.* Freud reprend tout le développement de sa théorie de la libido, bien que le système reste toujours dualiste. Il en viendra à cette position paradoxale qui est qu'au bout du compte le principe de plaisir, qui tend à ramener au niveau le plus bas d'excitation l'appareil psychique, selon le principe de Nirvâna, «semble être en fait au service des pulsions de mort». Il est clair pour lui que ce remaniement théorique ouvre au moins autant de questions qu'il en règle, et il conclut *Au-delà du principe de plaisir* par cette citation de Rückert : «Ce qu'on ne peut atteindre en volant, il faut l'atteindre en boitant [...]. Boiter, dit l'Écriture, n'est pas un péché.»

43. S. Freud, «Au-delà du principe de plaisir», in *Essais de psychanalyse*, *op. cit.*, p. 55.
44. *Id.*, p. 82.

4.2 L'identification

Cette avancée de la théorie freudienne offre la possibilité d'interpréter de façon nouvelle la question du social et de l'histoire. À partir des années 1920, Freud produira un certain nombre de textes fondamentaux sur ces points, comme *L'Avenir d'une illusion*, ou *Malaise dans la civilisation*. Cette série de textes commence par *Psychologie des foules et analyse du moi* qu'il publie en 1921, et qui traite principalement de l'identification.

Le remaniement apporté à la théorie à partir de l'étude du narcissisme et ses conséquences quant au moi amènent à réinterroger la psychologie sociale ou psychologie des foules. L'inconscient n'est pas collectif, mais «dans la vie psychique de l'individu pris isolément, l'Autre intervient très régulièrement en tant que modèle, soutien et adversaire, et de ce fait la psychologie individuelle est aussi d'emblée, simultanément, une psychologie sociale[45]». Freud va étudier la question de la foule avec les outils qu'il a commencé à élaborer dans *Pour introduire le narcissisme*, c'est-à-dire avec les notions de Moi et d'Idéal du Moi articulées à celle d'identification. Ainsi pourra-t-il écrire : une foule primaire «est une somme d'individus, qui ont mis un seul et même objet à la place de leur Idéal du Moi et se sont en conséquence, dans leur Moi, identifiés les uns aux autres[46]». Cet objet qui vient à la place de l'Idéal du Moi est incarné par le meneur.

Le sentiment social repose «sur le retournement d'un sentiment d'abord hostile en un lien à caractère positif, de la nature d'une identification». La jalousie comme base du sentiment social est dans la logique du mythe proposé par Freud dans *Totem et tabou*, concernant les liens de la fratrie. La foule est une régression, elle est «comme une reviviscence de la horde originaire». L'hypnose apparaît alors comme la création d'une foule à deux, où l'hypnotiseur est à la place du meneur, et fonctionne elle aussi par identification, en tant que régression à un stade infantile. L'un

45. S. Freud, «Psychologie des foules et analyse du moi» (1921*c*), trad. P. Cotet, A. Bourguignon, J. Altounian, O. Bourguignon, A. Rauzy, in *Essais de psychanalyse*, *op. cit.*, p. 123 ; *G.W.* XIII ; OCF.*P.* XVI.
46. *Id.*, p. 181.

des bénéfices du groupe est la possibilité de traitement de la culpabilité, question qui occupera Freud jusqu'à la fin de ses travaux.

Freud distingue trois modalités de l'identification. Tout d'abord, il rappelle que l'identification est « l'expression première d'un lien affectif à une autre personne ». C'est la première identification. Celle-ci est ici antérieure à l'Œdipe, le père y fonctionne comme idéal. Une deuxième possibilité d'identification est celle où « l'identification a pris la place du choix d'objet, et le choix d'objet a régressé jusqu'à l'identification ». L'identification y est partielle et « n'emprunte qu'un seul trait à la personne-objet ». Il y a un troisième cas quand est perçu quelque chose de l'ordre d'une communauté avec une personne qui n'est pas objet des pulsions sexuelles. Cette identification est fondée sur la possibilité de se mettre dans une situation identique, pour deux Mois qui ont en commun un élément, l'identification se produit alors, mais sur un autre point.

4.3 Moi, Ça, Surmoi

En 1923, Freud publie *Le Moi et le Ça*, qui constitue le véritable exposé de la deuxième topique. Il y distingue trois instances en relation conflictuelle les unes avec les autres, mais qui sont en même temps chacune des différenciations les unes des autres.

Le Ça est inconnu et inconscient, il est le lieu des pulsions — pulsions de vie et pulsions de mort —, il est le lieu du refoulé. Dans le Ça règne sans limitation le principe de plaisir. C'est le réservoir de l'énergie psychique.

Le Moi est une partie différenciée du Ça, il est « la partie du Ça qui a été modifiée sous l'influence directe du monde extérieur par l'intermédiaire du *Pc-Cs* [= Préconscient-Conscient], il est en quelque sorte une continuation de la différenciation superficielle[47] ». Le Moi, ajoute Freud, « porte une calotte acoustique ». La perception joue pour le Moi le rôle qui est celui de la pulsion dans le Ça. Le Moi tente de mettre le principe de réalité à la place du principe de plaisir. S'il est le lieu de la conscience, il

47. S. Freud, « Le Moi et le Ça » (1923*b*), trad. J. Laplanche, in *Essais de psychanalyse*, *op. cit.*, p. 237 ; *G.W.* XIII ; OCF.*P.* XVI.

est aussi celui de manifestations inconscientes. Il ne se confond donc pas avec le découpage de la première topique, puisqu'il est en partie inconscient.

Enfin, le Surmoi que Freud, à cette époque, dit qu'on peut nommer aussi bien Surmoi qu'Idéal du Moi. C'est aussi une partie du Moi qui se trouve dans une relation moins étroite avec la conscience. L'Idéal du Moi, rappelle Freud dans ce texte, s'origine dans «la plus importante identification de l'individu : l'identification au père de la préhistoire personnelle». Cette identification est «directe, immédiate, plus précoce que tout investissement d'objet». Mais à l'issue du complexe d'Œdipe, il reste non seulement une identification au père mais aussi une identification à la mère. Ces deux identifications se sédimentent dans le Moi et le modifient, «elles s'opposent au reste du contenu du Moi comme Idéal du Moi ou Surmoi». Le Surmoi est de l'ordre de la conscience morale et concerne le sentiment inconscient de culpabilité, mais en même temps, il peut aussi très largement dépasser son objet et être d'une extrême dureté avec le Moi. Ce Surmoi héritier du complexe d'Œdipe, qui correspond à l'intériorisation des interdits proférés par les parents et les éducateurs, a aussi une fonction sociale. Il se manifeste dans la culpabilité mais également comme injonction : tu dois être ainsi, mais aussi : tu n'as pas le droit d'être ainsi (comme le père). Il a donc une dimension compulsionnelle «qui se manifeste comme impératif catégorique».

L'Idéal du Moi est donc l'héritier du complexe d'Œdipe. «Tandis que le Moi est essentiellement représentant du monde extérieur, de la réalité, le Surmoi se pose en face de lui comme mandataire du monde intérieur, du Ça.» Il contient, dit Freud, «le germe à partir duquel toutes les religions se sont formées». Il intervient sous la forme de la conscience morale et exerce une censure. La distance entre conscience morale et réalisation du Moi «est ressentie comme sentiment de culpabilité. Les sentiments sociaux reposent sur des identifications à d'autres sur la base d'un même Idéal du Moi.» C'est grâce à ce paradoxe que Freud pourra aborder les questions sociales touchant à la religion et à la culture. Ces textes ne sont pas externes à l'élaboration psychanalytique, ils ne relèvent pas d'une quelconque forme de psychanalyse appliquée, mais ils sont constitutifs même de la théorie.

La question de la culpabilité ramènera Freud dans ses tout derniers travaux à la question du père. Avec *L'Homme Moïse et la Religion monothéiste*[48], une nouvelle version est proposée pour fonder théoriquement la question de la culpabilité. Ce livre est en quelque sorte une reprise et un prolongement de *Totem et tabou*. Freud fera l'hypothèse de l'existence de deux Moïse dont le premier aura été tué, et la culpabilité liée à ce meurtre fonde un lien social nouveau, érigé et soutenu par le second Moïse. La culpabilité relie à la fois au désir et au père, car désir et Loi sont une seule et même chose, commentera Lacan[49].

Dans ces dernières années, Freud s'interroge aussi sur les possibilités et les impasses du traitement analytique (*L'Analyse avec fin et l'Analyse sans fin*, en 1937 ; *Constructions dans l'analyse*, la même année).

L'Anschluss, en 1938, le contraint à quitter Vienne pour Londres où il meurt, l'année suivante, le 23 septembre 1939.

---

48. S. Freud, *L'Homme Moïse et la Religion monothéiste* (1939*a*), trad. C. Heim, Paris, Gallimard, coll. « Connaissance de l'Inconscient », 1986; *G.W.* XVI.
49. Voir *infra* pp. 84-86.

2

LE MOUVEMENT PSYCHANALYTIQUE

Les maîtres des premières années de Freud, les personnages qu'il a admirés et dont nous avons parlé au début de cet ouvrage, l'abandonnent au fur et à mesure de ses avancées. Ce n'est qu'à partir des premières publications, au début du siècle, que se constitue peu à peu autour de lui une communauté intellectuelle de disciples. Assez rapidement, quoi qu'on en ait dit, son influence et sa notoriété sont tout à fait importantes dans les milieux intellectuels viennois.

Des réunions commencent à se tenir le mercredi dans son appartement à partir de 1902. À partir de 1906 et jusqu'en 1915, Otto Rank en établit les «Minutes». Elles ont été éditées et traduites en français[1]. À ces réunions assistent des personnages très divers, médecins, écrivains, intellectuels, etc. Certains d'entre eux méritent une mention spéciale, soit par leur apport à l'élaboration freudienne, soit parce qu'ils ont été à l'origine de dissidences qui incarnent, chacune, d'une certaine manière, les ornières possibles de la psychanalyse.

La fondation de la Société psychanalytique de Vienne ne précède que de quelques années celle de l'Association psychanalytique internationale qui eut lieu en 1910 au Congrès de Nuremberg. La création d'une organisation institutionnelle s'avérait sans aucun doute nécessaire, mais elle va poser autant de problèmes qu'elle en résout du fait du lien si particulier que la psychanalyse peut entretenir avec l'institution.

Les réunions du mercredi se baptisent tout d'abord Société psychologique du Mercredi et se tiennent dans le bureau de Freud. En 1908 est créée la Société psychanalytique de Vienne qui, à partir de 1910, se réunit dans une salle de l'ordre des médecins. Par ailleurs, Freud enseigne à l'Université. Mais ces réunions hebdomadaires sont un véritable laboratoire, et l'ambiance de pionniers qui y règne reste sensible dans les Minutes.

1. *Les Premiers Psychanalystes. Minutes de la Société psychanalytique de Vienne*, trad. N. Schwab-Bakman, 4 vol., Paris, Gallimard, coll. «Connaissance de l'Inconscient», 1976-1983.

Parmi les premiers fidèles on trouve aussi bien Paul Federn, Alfred Adler, Max Graf (le père du petit Hans), Otto Rank, Isidor Sadger, Wilhelm Stekel, Fritz Wittels. Ils seront rejoints par Victor Tausk, Ludwig Binswanger, Hans Kelsen, Sandor Ferenczi, Siegfried Bernfeld, Hermine von Hug-Hellmuth, Helene Deutsch, Otto Fenichel, Hermann Nunberg, Eugenia Sokolnicka qui vient s'établir en 1921 à Paris, Theodor Reik, Hans Sachs, etc. Mais des divergences, voire des dissidences se manifestèrent assez rapidement. Il y eut d'abord ceux qui agacèrent Freud ou entretinrent avec lui des relations difficiles, au premier rang desquels Wilhelm Stekel, mais aussi, à moindre niveau, Karl Kraus. Mais la première véritable dissidence est celle d'Alfred Adler.

1. Autour de Freud

1.1 Dissidences

Alfred Adler (1870-1937)

Adler est un des tout premiers disciples de Freud. Il fréquente régulièrement les réunions de la Société psychologique du Mercredi. La théorie qu'il élabore peu à peu et qui bénéficie au départ d'une certaine bienveillance de Freud, est celle de l'infériorité organique. Là où Freud insiste sur les effets et le rôle de la famille pour l'enfant, Adler donne une grande importance au milieu social. C'est un socialiste militant qui ne voit pas la psychologie se séparer d'un combat pour l'amélioration sociale et le progrès. Mais l'idée dominante d'Adler le conduit à réduire le rôle de la sexualité infantile et à considérer que la névrose est une tentative de compensation d'une infériorité. Un sentiment d'infériorité domine la vie psychique du névrosé qui cherche en permanence à le compenser. Cette infériorité est réelle et elle peut être psychique ou organique. Pour lui, ces infirmités sont innées et le fondement de sa doctrine est en fait biologique.

Le conflit avec Adler éclate en 1910 au congrès de Nuremberg, celui-là même qui sera le lieu de fondation de l'Association psychanalytique internationale (API). Mais ce désaccord a aussi une dimension politique, car en créant l'Association psychanalytique internationale, en en confiant la présidence à Jung et le secrétariat à Riklin, un autre Suisse, Freud mécontente les Viennois. Dans les suites du congrès, des compromis sont élaborés. Adler est nommé président de la Société psychanalytique de Vienne et Freud lui propose d'assurer avec Stekel la direction d'une revue mensuelle, le *Zentralblatt für Psychoanalyse*. Mais cet apaisement n'est que provisoire. À l'occasion d'un exposé que fait Adler à la Société psychanalytique de Vienne, «La protestation mâle, problème central des névrosés», le différend éclate d'une façon majeure. Dans la discussion très vive qui suit, Freud lui reproche de négliger l'inconscient et la sexualité infantile. À la fin de l'année 1911, se forme un groupe adlérien qui se sépare du mouvement freudien.

On retiendra cette phrase de Freud à propos d'Adler et de sa théorie : «La théorie adlérienne fut dès le commencement un "système", ce que la psychanalyse évita soigneusement d'être[2]», pour ce qu'elle nous dit de la psychologie d'Adler mais surtout de la psychanalyse.

Carl Gustav Jung (1875-1961)

Freud soutenait qu'à l'origine des conflits, il y a toujours jalousie ou désir de vengeance, et que les désaccords scientifiques n'arrivent que dans un second temps. Pourtant, les deux premières grandes dissidences incarnent des potentialités présentes dans l'analyse et ont lieu à la même période, peu après la fondation de l'Association psychanalytique internationale, au moment où le mouvement freudien s'affirmait. La situation de Jung est néanmoins tout à fait différente de celle d'Adler.

Les relations de Freud et de Jung commencent en 1906 par une lettre que Jung adresse à Freud avec un numéro de la revue suisse qu'il éditait. Jung est un psychiatre suisse, fils de pasteur, qui occupe les fonctions d'assistant à l'hôpital du Burghölzli, que dirige Eugen Bleuler. Cet hôpital est un lieu renommé et Bleuler est une des grandes figures de la psychiatrie de l'époque. On lui doit le terme de schizophrénie, mais aussi celui d'autisme (au sens de l'une des particularités cliniques rencontrées

2. S. Freud, *Sur l'histoire du mouvement psychanalytique* (1914*d*), trad. C. Heim, Paris, Gallimard, coll. «Connaissance de l'inconscient», 1991, p. 97; *G.W.* X.

dans la schizophrénie, mais non au sens de l'autisme infantile, terme proposé beaucoup plus tard par Kanner). La place de Jung dans le monde psychiatrique est sans aucun doute d'un grand intérêt pour Freud, et Jung essaiera d'ailleurs de convertir Bleuler aux idées psychanalytiques.

Jung devient pour Freud quelque chose comme un fils favori, celui qui va pouvoir assurer sa succession et la pérennité du mouvement psychanalytique. Ceci ne va pas sans susciter des jalousies parmi les premiers compagnons de Freud. En 1909, Jung accompagne Freud et Ferenczi lors d'une visite aux États-Unis où Freud reçoit le titre de docteur *honoris causa* de la Clark University. Enfin, Jung devient le premier président de l'Association psychanalytique internationale lorsque celle-ci fut créée. Néanmoins, des différends théoriques existent depuis le début, en particulier autour de la notion de libido. Pour Jung, il est difficile d'accepter la définition freudienne. La libido, la pulsion sexuelle, est pour lui quelque chose de l'ordre de l'énergie mentale, une notion plus large que la notion freudienne. Quant à leurs relations personnelles, elles sont très complexes : admiration extrême de Jung pour Freud, avec des demandes multiples, et du côté de Freud à la fois engagement et en même temps limite à cet engagement, Freud n'étant pas prêt, dit-il, à rééditer la relation qu'il a eue avec Fließ.

Le conflit s'aggrave et, en 1912, Jung a renoncé à l'essentiel de la théorie freudienne : la sexualité infantile, l'Œdipe et l'étiologie sexuelle de la névrose. Il redéfinit la libido. La suite de son œuvre l'éloigne encore plus de la théorie freudienne. À la libido, il substitue la notion d'énergie psychique non sexuelle. Il redéfinit également l'inconscient : d'une part comme instance complémentaire du conscient et d'autre part en distinguant un inconscient personnel, individuel et un inconscient collectif, dans lequel se trouvent, en particulier, des archétypes communs à l'humanité et dont les mythes portent la trace. De plus en plus, il s'intéresse à la religion et à la mystique. Jung démissionne de la présidence de l'Association psychanalytique internationale en 1914, et quitte le mouvement freudien.

Il avait pris une place tout à fait importante dans le mouvement et sa dissidence est à l'origine de la création d'un comité secret constitué d'un noyau de fidèles. Ce comité serait en quelque sorte le gardien de la doctrine, en particulier pour les éléments fondamentaux de la théorie, à savoir le refoulement, l'inconscient, la sexualité infantile, etc.

Avec Adler et Jung, avec le biologisme de la théorie adlérienne et la dérive à tonalité religieuse du jungisme, nous nous trouvons en présence de deux écueils entre lesquels se meut la psychanalyse et dont Freud voulait la préserver : la médecine et la religion.

1.2 Les compagnons

Freud ne fut pas seul dans son aventure, il y eut assez rapidement un mouvement psychanalytique. Freud, donc, ne pensa pas seul et nombre de travaux de ses élèves vinrent nourrir, d'une manière ou d'une autre, ses propres réflexions.

Là aussi, comme précédemment, nous ne pouvons pas être exhaustifs. Deux figures émergent néanmoins parmi les compagnons de la première heure, deux figures qui incarnent chacune à leur manière une position exemplaire à l'intérieur du mouvement analytique. Toutes deux furent les auteurs de nombreux travaux originaux et leurs apports furent importants pour la théorie analytique. Mais l'une a pu apparaître comme le gardien de l'orthodoxie, l'un des fondateurs du premier Institut qui promulguera les standards de la formation analytique, l'autre comme une personnalité originale, toujours à la recherche d'un approfondissement de la pratique, rompant avec Freud sur des questions touchant à la direction de la cure.

Sandor Ferenczi (1873-1933)

Ferenczi est certainement parmi cette génération des pionniers de la psychanalyse l'un des plus proches de Freud. C'est avec lui en tout cas que Freud échange la correspondance la plus importante. Né en 1873, en Hongrie, dans une famille juive, il pratique la psychanalyse à Budapest, après avoir fait ses études médicales à Vienne. Mais ce n'est pas lors de ce séjour qu'il rencontre Freud. Il connaît l'œuvre de celui-ci par *L'Interprétation des rêves*, qu'une première lecture lui fait rejeter. Il la reprend quelques années plus tard, après s'être intéressé aux expériences diffusées par les médecins du Burghölzli qui pratiquent des expériences d'association, expériences qui se sont répandues dans les milieux cultivés hongrois. Cette seconde lecture l'enthousiasme et en 1908 il écrit à Freud pour lui demander une entrevue. Penseur audacieux, imaginatif, il conquiert Freud et leur amitié devient profonde. Ils voyagent souvent ensemble, ainsi aux États-Unis, mais leurs relations sont complexes. Freud reproche à Ferenczi son attitude infantile à son égard et son besoin d'amour.

La question de la relation analytique et en particulier du transfert, est au centre de ses intérêts. Il aborde aussi le problème de la pédagogie, produit le concept d'introjection que Freud reprendra, etc. Il est également l'analyste de figures éminentes du mouvement analytique, comme Melanie Klein, mais aussi Ernest Jones. Sous le gouvernement de Béla Kuhn, il enseigne la psychanalyse à l'université. Mais quelque temps après, l'atmosphère antisémite et réactionnaire de Budapest ne lui permet pas de poursuivre.

Il commence dans les années 1920 à proposer des innovations dans la pratique. Il invente la technique active, où l'analyste intervient de façon interdictrice afin d'essayer de sortir le patient de l'enlisement de la répétition, ou encourage celui-ci à affronter des situations difficiles. Il y renonce peu à peu car son effet est plutôt de renforcer la résistance, et s'oriente vers une méthode associant une sorte de relaxation au traitement psychanalytique. À la figure sévère de l'analyste de la technique active se substitue une figure indulgente qui oriente plutôt vers la régression nécessaire au traitement. Enfin, il expérimente ce qu'il a nommé l'analyse «mutuelle» entre le patient et son analyste afin que ce qui est propre à l'analyste ne vienne pas empêcher le travail de l'analyse ; là aussi il reconnaîtra son erreur.

Malgré un projet inabouti de travail avec Freud concernant l'œuvre de Lamarck, Ferenczi écrit *Thalassa, psychanalyse des origines de la vie sexuelle* où, suivant la formule de Häckel reprise par Freud, «l'ontogenèse est une récapitulation de la phylogenèse» ; la vie aquatique intra-utérine peut être considérée comme la répétition des origines aquatiques de la vie. Ses travaux sont également un ferment particulièrement important pour la psychanalyse avec les enfants. Ses dernières orientations concernant la pratique l'amènent à une rupture avec Freud, l'année même de sa mort en 1933.

Karl Abraham (1877-1925)

À l'originalité de Ferenczi, toujours soucieux d'aller plus avant dans l'interrogation concernant la position de l'analyste dans la cure, on peut opposer, d'une certaine manière, la personnalité de Karl Abraham. Ce sont deux figures de l'extension de la psychanalyse hors de Vienne — Budapest d'une part, Berlin de l'autre.

Karl Abraham naît en 1877 à Brême, dans une vieille famille juive allemande. Médecin, puis psychiatre, il travaille au Burghölzli avec Jung. En 1907, il rencontre Freud et s'installe à Berlin pour exercer la psychanalyse. C'est, au dire de tout le monde, un acte courageux et risqué, car la situation dans la capitale allemande n'est pas très favorable à la psychanalyse. Il fonde la Société psychanalytique de Berlin en 1908. L'importance d'Abraham tant à Berlin que dans le mouvement analytique ne va cesser dès lors de croître.

Si Abraham apparaît dans l'histoire du mouvement analytique, à l'opposé de Ferenczi, comme le gardien de l'orthodoxie, ses contributions théoriques sont loin d'être négligeables. Ses intérêts sont multiples. Il travaille la question de la mythologie et de la création. L'une de ses premières études concerne le peintre Giovanni Segantini et il tente d'y relier la thématique du peintre à sa personnalité. Il publie également une étude sur le pharaon Amenhotep IV à laquelle Freud fait référence dans son *Moïse*. Enfin, toujours dans cette veine, il montre que les outils dégagés par Freud pour l'analyse des rêves sont tout à fait opérants pour l'interprétation des mythes.

Son autre contribution tout à fait essentielle vint de son intérêt pour les psychoses — démence précoce et mélancolie. En s'intéressant de près à ces questions, il publie une «Esquisse d'une histoire du développement de la libido basée sur la psychanalyse des troubles mentaux» où il développe et complète la théorie des stades prégénitaux freudiens. En particulier il distingue à l'intérieur de chaque phase deux sous-stades. Pour le stade oral : l'un est lié à la succion, l'autre à la mordication (phase sadique orale) ; pour le stade anal, le premier est lié à l'évacuation, le second à la rétention. La fixation à l'une des étapes du développement de la libido rend compte des différentes pathologies observées ultérieurement.

Enfin, il faut mentionner brièvement un dernier aspect qui est la contribution d'Abraham au mouvement analytique. Il est le président de l'Association internationale peu avant sa mort. Auparavant, il contribue à la création, en 1920, avec Eitingon, de la première clinique psychanalytique, l'Institut psychanalytique de Berlin. Ce lieu ouvert au public, offrant des consultations psychanalytiques, produisit aussi le prototype du système de formation des psychanalystes tel qu'il allait se généraliser par la suite dans le monde entier. L'expérience de l'Institut de Berlin « continue d'orienter la recherche et la formation des analystes, telles que l'I.P.A.[3] les conçoit[4] ».

Que ces premières modalités de dissidence ou de fidélité puissent paraître emblématiques d'oppositions liées intrinsèquement aux limites même de l'analyse et aux champs par rapport auxquels elle a dû se constituer, est particulièrement exemplaire et indicatif. La suite de cette histoire peut aussi se lire comme un vaste mouvement d'avancées et de résistances, consubstantiel à la matière analytique elle-même, dont ces quatre premières figures plus ou moins arbitrairement choisies représentent chacune à sa manière l'une des variantes.

2. Après Freud

Intituler ce chapitre « Après Freud » est sans doute un peu excessif, puisque les analystes dont nous allons parler furent aussi, pour certains, ses contemporains. Mais ils orientèrent de façon durable la suite du mouvement analytique.

C'est en se confrontant à ses limites que la psychanalyse a toujours progressé, et c'est tout naturellement autour, d'une part, de la psychanalyse d'enfants et, d'autre part, du traitement des psychoses que se repèrent les questions qui nourrirent le débat post-freudien.

---

3. I.P.A. : International Psychoanalytic Association. En français A.P.I. (Association psychanalytique internationale).

4. F. Colonomos, Présentation de *On forme des analystes. Rapport original sur les dix ans de l'Institut Psychanalytique de Berlin*, 1920-1930. Préface de S. Freud, trad. H. Stierlin, M. Henich, avec la collaboration de T. Buhmann et P. Salvain, Paris, Denoël, coll. « L'Espace analytique », 1985, p. 11.

2.1 Anna Freud (1895-1982)

Née à Vienne en 1895, elle est la dernière enfant du couple Freud. Cette fille de Freud, son «Antigone», comme il avait l'habitude de la nommer, aura une influence majeure sur la politique du mouvement analytique. Elle accompagnera Freud en Angleterre lors de son départ en exil en 1938 et continuera d'exercer dans la maison qu'ils occupaient à Londres où elle mourra en 1982.

Institutrice de formation, elle sera analysée par son père. L'article de Freud «On bat un enfant», traitant du fantasme, contient des éléments de cette analyse, et c'est sur un thème identique qu'Anna Freud fera sa première communication à la Société de psychanalyse de Vienne. Elle sera, après Hermine von Hug-Hellmuth et avec Melanie Klein, l'une des pionnières de la pratique de la psychanalyse avec les enfants. Sa formation initiale témoigne d'un souci qui ne se démentira pas concernant la pédagogie. Elle commence à pratiquer la psychanalyse en 1923 dans la maison familiale.

Dès le départ, l'analyse d'enfant sera marquée par un conflit entre ces deux figures que sont Anna Freud et Melanie Klein : Anna Freud à Vienne, puis rejoignant Londres en 1938 ; Melanie Klein, viennoise à l'origine, établie à Berlin après être passée par Budapest et s'installant finalement, en 1926, à Londres, imprégnant de sa marque la Société britannique de psychanalyse. L'arrivée en 1938 des Viennois sera suivie de controverses d'une intensité extrême entre les membres de ces deux courants.

Pour Anna Freud, il y a une difficulté dans la cure de l'enfant qui tient à la possibilité du transfert. Les relations de l'enfant avec ses parents ne sont pas périmées, puisque ceux-ci sont toujours vivants et participent quotidiennement de la vie de l'enfant. Un autre obstacle à la capacité analytique de l'enfant tient, pour elle, à la difficulté de celui-ci à associer. D'où la nécessité de prévoir une phase préparatoire au traitement, et le lien inévitable dans la cure entre le traitement et l'éducation. L'analyse d'enfant pose d'autres problèmes spécifiques pour Anna Freud. Ainsi l'enfant n'a pas conscience de ses difficultés ou de sa souffrance et ne demande donc rien à l'analyste ; de plus, dans les cures d'enfants, le jeu ne peut se substituer aux associations, comme l'ont proposé Hermine von Hug-Hellmuth et Melanie Klein. Le jeu est, pour Anna Freud, quelque chose qui s'observe, mais qui n'a pas automatiquement une valeur symbolique.

Il n'y a donc pas de transfert au sens analytique du terme. Car même si l'enfant s'attache à l'analyste ou investit cette figure, pour autant l'installation d'une névrose de transfert à la place de la névrose initiale ne lui paraît pas possible. Il faudrait, selon Anna Freud, pour créer une véritable névrose de transfert, séparer l'enfant de ses parents et le placer en institution. C'est d'ailleurs l'un de ses apports dans l'histoire de la psychanalyse que d'avoir été l'une des premières à créer des institutions. On ne peut considérer comme fortuit le fait que cette question de l'institution surgisse avec la question de l'enfance.

Dans sa méthode, l'importance de l'histoire propre de l'enfant, celle de l'environnement familial et de ce que cet environnement peut apporter comme observations dans le cours du traitement, est tout à fait essentielle. Sa position évoluera vers une certaine réduction de la part éducative dans le traitement avec la mise en avant de la méthode de l'observation psychanalytique. Celle-ci a une double fonction : obtenir des renseignements sur l'enfant, utiles au traitement, et permettre la recherche. Anna Freud soutiendra l'entreprise d'Ernest Kris qui, dans les années 1940, aux États-Unis, intégrera dans la psychanalyse les méthodes de la psychologie scientifique. Ces techniques d'observation ont comme ambition d'établir les hypothèses métapsychologiques freudiennes concernant l'infantile en les vérifiant sur l'enfant ; ce qui conduit en quelque sorte à confondre ou à recouvrir la notion d'infantile par la notion d'enfant, c'est-à-dire à identifier la temporalité analytique à l'idée de développement, ou à concevoir le temps comme développement. Cet appui qu'elle donnera aux théories de l'*ego-psychology*, promues par Hartmann, Kris et Loewenstein — ce qui deviendra l'un des courants les plus importants de la psychanalyse outre-Atlantique —, est aussi pour Anna Freud paradoxalement une garantie pour l'analyse profane. En effet, elle-même, comme la plupart des psychanalystes d'enfants, n'était pas médecin et elle fut très active pour défendre la possibilité de la pratique de la psychanalyse par les non-médecins. Pour garantir l'indépendance de la psychanalyse, il faut la faire admettre dans le champ des savoirs constitués, il faut lui donner un statut « scientifique » — d'où certains choix théoriques.

Fondatrice de la Hampstead Clinic, elle sera donc la promotrice d'une méthode d'observation, à la fois interne au traitement analytique, mais aussi d'une variante pratiquée par des gens analysés dans des situations externes au traitement, par exemple crèches, etc.

Sa perspective est psychogénétique, il s'agit d'une vision diachronique, axée sur l'histoire et la notion de développement. Cette perspective fait une place centrale à la deuxième topique freudienne avec une conception du Moi qui sera beaucoup discutée par la suite. Le renforcement du Moi comme mode d'achèvement du développement introduit dans la psychanalyse la dimension d'une norme dont on ne peut pas dire qu'elle soit sans rapport avec les importations du champ de la psychologie scientifique qui tentait d'établir un profil de l'enfant normal.

Le courant de l'*ego-psychology* qu'Anna Freud soutiendra sera aussi celui avec lequel Jacques Lacan en France débattra et auquel il s'opposera pour tenter de remettre à jour le tranchant de la découverte freudienne, quelque peu émoussé au profit de cette psychologie à visée surtout adaptative.

2.2 Melanie Klein (1882-1960)

Melanie Klein naît à Vienne en 1882 dans une famille juive. Malgré un désir de formation médicale, elle étudie l'histoire de l'art et se marie en 1903. En 1910, elle s'installe à Budapest et commence une analyse avec Ferenczi. Comme Freud avec Anna, elle analysera ses propres enfants. Il faut dire que les enfants des pionniers de la psychanalyse ont souvent été mis à contribution et ont payé, pour certains, un lourd tribut à la cause psychanalytique. En 1920, Abraham l'invite à venir à Berlin, où elle poursuit son analyse avec lui. Abraham meurt en 1925, et elle s'installe à Londres l'année suivante.

Dès le départ, sa conception de l'analyse d'enfant est à l'opposé de celle d'Anna Freud. Pour Melanie Klein, la psychanalyse d'enfant n'a pas de rapport avec l'éducation, et l'analyste n'a pas d'action pédagogique à exercer dans le cadre de la cure. Les associations existent, et le jeu de l'enfant est l'équivalent du travail associatif de l'adulte en analyse. Enfin, il y a transfert et l'analyse est possible, tout autant qu'avec les adultes. Le jeu de l'enfant est la mise en acte de fantasmes infantiles très précoces ; ils sont le terrain même du transfert et l'expression de la sexualité infantile. Elle donne aussi une place fondamentale à la pulsion de mort qu'elle relie aux angoisses infantiles qui interviennent très précocement.

La perspective de Melanie Klein l'éloigne d'un abord historique pour l'orienter beaucoup plus vers une approche fantasmatique et intrapsychique. D'où la mise à l'écart des parents lors du traitement et le peu d'intérêt accordé à l'environnement. Elle élaborera une métapsychologie de ces premiers temps, très soucieuse de l'exploration de ces débuts de la vie infantile.

Dès le départ, le Surmoi et la fonction de la pulsion de mort sont présents et provoquent l'angoisse. Le rapport de l'enfant à l'objet est un rapport sadique, qui compose avec le risque d'une rétorsion permanente venant de l'objet. Elle développe la théorie d'Abraham sur la phase orale : l'objet est à la fois un bon objet et en même temps, aussitôt, un mauvais objet. Il existe ainsi deux phases : une première phase dite position paranoïde-schizoïde, où le sujet est dans un rapport particulier à l'objet, vécu comme objet menaçant pouvant détruire le Moi. À ce moment, c'est l'introjection et la projection qui règlent le rapport aux objets. L'objet, clivé en bon et mauvais, est dans une relation au Moi réglée par la loi du talion. Tout rapport à cet objet devient menaçant et provoque les angoisses infantiles que le sujet éprouve.

Un peu plus tard apparaît la position dépressive qui correspond à cette phase où le sujet, à cause de ses pulsions sadiques, craint de perdre la mère en la détruisant. C'est le passage d'une relation d'objet partiel à une relation d'objet total. Avec la position dépressive apparaissent les activités réparatrices qui ont une dimension sublimatoire et constituent un mode de défense contre ce risque-là. Le clivage entre bon et mauvais objet n'est plus aussi radical puisque l'objet en tant que total ne peut plus être épinglé d'une façon aussi tranchée. L'Œdipe intervient peu après, mais l'on remarque que la datation de ces phases chez Melanie Klein varie et qu'entre ses premiers travaux et ceux de l'après-guerre, elle sera conduite à concevoir un Œdipe de plus en plus précoce.

Les controverses qui vont traverser le mouvement analytique en Angleterre ne seront pas sans conséquence sur l'histoire de la psychanalyse dans le monde. Ce que Melanie Klein a développé sera repris par de nombreux psychanalystes et son influence est patente dans les travaux de quelqu'un comme Winnicott, mais aussi bien dans ceux de Lacan.

Donald W. Winnicott (1896-1971)

Médecin pédiatre anglais, il s'oriente vers la psychanalyse et, en particulier, mais pas seulement, vers la pratique avec les enfants. Lors des controverses qui agitent la Société britannique de psychanalyse, il ne se range ni dans le groupe des Kleiniens, ni dans celui des Viennois, constituant avec quelques autres le « Middlegroup ».

À partir de l'étude du nourrisson et de ses relations à l'environnement — la mère —, il développe une œuvre particulièrement originale. La « mère suffisamment bonne » est celle qui répond à l'omnipotence du nourrisson et lui permet de soutenir l'illusion qu'il est créateur de l'objet. L'enfant à la fois crée et trouve cet objet — le sein, la mère — et ceci est rendu possible parce que la mère le présente au moment où il est nécessaire à l'enfant. Par le *holding* — le fait qu'elle porte l'enfant et pas seulement physiquement — et le *handling* — le fait qu'elle le manie et le soigne —, la mère permet au nourrisson de se sentir toujours le même dans des circonstances diverses. Il peut aussi accéder au sentiment de continuité d'être, être toujours le même quand l'environnement se modifie.

Cette mère doit aussi permettre le passage de l'illusion à la désillusion, qui correspond aussi à un moment de séparation, de défusion. Sur la trace de ce passage, apparaissent les phénomènes transitionnels — choix que fait l'enfant d'un objet à la fois quelconque et irremplaçable. Ils constituent la première possession non-moi et sont les témoins du maintien d'une aire de l'illusion de haute valeur culturelle pour l'avenir de l'individu. L'objet est destiné à être perdu ; demeurera cet espace, qui, comme l'objet avant lui, n'appartient pas « à la réalité intérieure ou à la réalité extérieure (partagée) [...]. Tout au long de la vie, elle persiste dans ce qui est éprouvé (*experiencing*) intensément, dans le domaine des arts, de la religion, de la vie et de son imaginaire, de la création scientifique[5] ».

---

5. D.W. Winnicott, « Objets transitionnels et phénomènes transitionnels », trad. J. Kalmanovitch, in *De la pédiatrie à la psychanalyse,* Paris, Payot, 1969, p. 186.

Les travaux de Winnicott ont porté sur des domaines cliniques très variés qui vont de la psychose à la délinquance et aux problèmes de l'adolescence, avec un souci prophylactique et social qui l'amèneront, comme Françoise Dolto en France, à s'adresser aux travailleurs sociaux, aux éducateurs, aux parents via les media, etc.

2.3 Jacques Lacan (1901-1981)

Jacques Lacan est né à Paris le 13 avril 1901. D'une famille de vinaigriers orléanais par son père — la maison Dessaux —, il est le premier-né de ses parents. Un frère naît l'année suivante et mourra deux ans plus tard ; puis une sœur, Madeleine, naît en 1903, et enfin Marc-Marie, qui changera son prénom en Marc-François, naît en 1907. La mère est une femme dévote et le milieu familial est empreint de religiosité catholique. L'ambiance familiale est aussi marquée par de nombreux conflits entre le père et ses parents qui habitent la même maison. Son frère le plus jeune, Marc-Marie, deviendra bénédictin[6].

Jacques Lacan fait de brillantes études au collège Stanislas, et se passionne pour la littérature et la philosophie (Spinoza, Nietzsche, etc.). Au terme de ses études secondaires, il commence des études médicales. Se spécialisant en neurologie et en psychiatrie, il sera interne à l'Infirmerie spéciale de la Préfecture de Police, dirigée par Gaëtan Gatian de Clérambault, son «seul maître en psychiatrie», puis chef de clinique à Sainte-Anne à la Clinique des maladies mentales, chaire occupée par Henri Claude, qui a accueilli les premiers psychanalystes français — Laforgue, Hesnard, Eugénie Sokolnicka — dans son service. Il se liera également avec les surréalistes et publiera dans la revue *Le Minotaure*.

En 1932 paraît sa thèse, «De la psychose paranoïaque dans ses rapports avec la personnalité». Au centre de cette thèse, une monographie, celle du cas Aimée, pour lequel Lacan crée la catégorie de «paranoïa d'autopunition». Il y discute toute la psychiatrie de son époque ainsi que les grands classiques. Ce qu'il soutient est que la psychose n'est pas une

6. Voir E. Roudinesco, *Jacques Lacan. Esquisse d'une vie, histoire d'un système de pensée,* Paris, Fayard, 1993.

affaire de déficit, mais un problème qui touche à la personnalité. Plus tard, dans les années cinquante, il montrera comment les phénomènes repérables dans la psychose non seulement ne sont pas déficitaires mais sont construits et le sont par le langage. En 1932, Lacan s'intéresse à l'environnement, au milieu social qu'il appelle le milieu vital. Mais déjà, alors qu'il vient de commencer son analyse avec Rudolf Loewenstein, il fait référence à Freud dont il vient de traduire « De quelques mécanismes névrotiques dans la jalousie, la paranoïa et l'homosexualité » qui paraît dans la *Revue française de psychanalyse* cette même année. C'est à partir de la paranoïa que Lacan s'intéresse à ce qui va constituer le champ d'investigation de ses premiers travaux, à savoir la question du narcissisme. L'entrée dans la psychanalyse pour Lacan se fait donc par la porte de la clinique des psychoses. On l'oppose souvent à la démarche de Freud inventant la psychanalyse par le biais de la névrose. On n'oubliera pas pourtant l'importance de Fließ et de son délire dans la genèse de la découverte freudienne.

Le stade du miroir

C'est la deuxième topique freudienne qui, dans cette première période, intéresse Lacan, et plus particulièrement la question du Moi. En 1936, au congrès de Marienbad, il fait une communication intitulée « Le stade du miroir ». De cette première version, nous n'avons pas de traces. Mais nous retrouvons le stade du miroir dans le texte que Lacan donne pour l'*Encyclopédie française* qui paraît en 1938, intitulé « Les complexes familiaux dans la formation de l'individu » et qui se trouve dans la section « La famille ». Il y distingue, avant le complexe d'Œdipe, le complexe du sevrage, puis le complexe de l'intrusion. Et c'est dans celui-ci qu'il examine les différents phénomènes du rapport de l'enfant à son semblable, en particulier la jalousie, qui « représente non pas une rivalité vitale mais une identification mentale[7] ». Il y introduit d'ailleurs la notion d'imaginaire mais non encore corrélée avec les autres registres qu'il proposera plus tard, et développe le stade du miroir dans son examen de la notion d'identification. Il y reviendra à plusieurs reprises et en particu-

7. J. Lacan, *Les Complexes familiaux*, Paris, Navarin éd., 1984, p. 36.

lier, en 1949, il fera une communication, «Le stade du miroir comme formateur de la fonction du Je», au congrès de Zurich. C'est celle-ci que l'on trouve dans les *Écrits*[8].

Darwin déjà, observant son fils Doddy, avait noté le comportement particulier des bébés devant le miroir et la façon dont ce comportement se distinguait de celui des primates mis dans une même situation. Lacan reprend ces travaux, ainsi que ceux de Baldwin, Köhler et surtout la recension qu'en a faite Henry Wallon, et donne à ce comportement de l'enfant devant le miroir une valeur paradigmatique, non seulement du rapport du sujet à l'image comme objet narcissique, mais plus encore il y voit le fondement du Moi, qui apparaît comme une instance fondamentalement narcissique. C'est-à-dire que le stade du miroir témoigne — au moins dans ces premiers temps de l'élaboration lacanienne — de l'émergence du narcissisme primaire. Ainsi, d'une étude particulière de la psychose paranoïaque, Lacan passe à la proposition d'une instance paranoïaque : le Moi.

Le stade du miroir est donc le moment d'une identification fondamentale, en tant qu'elle est fondatrice du Moi. Ce comportement particulier de l'enfant face au miroir se situe entre l'âge de six mois et celui de dix-huit mois. L'enfant à ce moment-là va, à la différence de l'animal, reconnaître dans le miroir une image et la reconnaître comme sienne. Bien plus, cette image, cette *Gestalt* — cette forme —, il va l'assumer selon un processus d'identification. Ce temps est à situer comme une anticipation de son unité, dans la mesure où l'enfant est encore un prématuré sur le plan neurophysiologique. Cette identification fonde son Moi mais détermine aussi celui-ci comme «autre» et du coup situe l'autre comme un *alter ego*. Le stade du miroir est ainsi le lieu d'une aliénation originaire et fondamentale. Cette assomption est marquée par une jubilation de l'enfant face à son image. Or, cette image est extérieure et elle est distincte du lieu de la perception et de la motricité. Mais le paradoxe est que ce qui peut paraître extérieur est le lieu de constitution du Moi.

Dans cette période de prématurité, l'enfant va, par l'assomption de cette image, se vivre comme unifié. C'est-à-dire que l'unité de son Moi lui est donnée par le médium de cette image. Ainsi, c'est avec raison que l'on

8. J. Lacan, *Écrits,* Paris, Le Seuil, coll. «Le Champ freudien», 1966.

pourra parler de corps morcelé comme ayant précédé l'unification du corps par le stade du miroir. Il faudrait plus rigoureusement dire que le corps apparaîtra comme ayant été morcelé à partir de l'effet d'unification que provoque le stade du miroir. C'est ce phénomène de morcellement que l'on retrouve dans la clinique des psychoses. Le stade du miroir explique également les phénomènes si fréquemment rencontrés du transitivisme enfantin. On y reconnaîtra aussi tous les phénomènes du double, en particulier ceux de l'héautoscopie. En effet, cette image est investie, conformément à ce que Freud avançait dans *L'Introduction au narcissisme*, libidinalement.

« L'assomption jubilatoire de son image spéculaire par l'être encore plongé dans l'impuissance motrice et la dépendance du nourrissage qu'est le petit homme à ce stade *infans*, nous paraîtra dès lors manifester en une situation exemplaire la matrice symbolique où le Je se précipite en une forme primordiale, avant qu'il ne s'objective dans la dialectique de l'identification à l'autre et que le langage ne lui restitue dans l'universel sa fonction de sujet[9]. »

Dès lors la tâche de la psychanalyse est celle-ci : « La psychanalyse seule reconnaît ce nœud de servitude imaginaire que l'amour doit toujours redéfaire ou trancher[10]. »

La forme « généralisée » du stade du miroir lui permettra plus tard de proposer une relecture de *Pour introduire le narcissisme*, avec la distinction, répartie entre les registres de l'imaginaire et du symbolique, du Moi Idéal et de l'Idéal du Moi.

Il faut supposer la mère portant le bébé face au miroir, mère sous le regard de laquelle celui-ci se trouve. Il se retourne alors vers elle et c'est dans le moment même où il saisit dans son regard qu'il représente quelque chose pour elle, mais que ce quelque chose apparaît voilé, que cette image lui est attribuée par une nomination venant de cet Autre. L'aliénation est donc redoublée, à la fois aliénation à l'image, mais aussi aliénation symbolique puisqu'elle n'est assumée que par la médiation de

9. J. Lacan, « Le stade du miroir comme formateur de la fonction du Je telle qu'elle nous est révélée dans l'expérience psychanalytique », in *Écrits*, *op. cit.*, p. 94.
10. *Id.*, p. 100.

l'Autre[11]. C'est ainsi qu'en se retournant à nouveau vers le miroir pour y retrouver cette image, ce n'est alors plus tout à fait la même qu'il rencontre, puisqu'elle est alors inscrite sous la signification de cette nomination venant de l'Autre. Dès lors, c'est avec ce regard de l'Autre que l'enfant se voit. Et la reproduction de ce mirage dans la vie courante, dans le transfert sauvage, dans la recherche d'être aimable pour l'autre, sera l'un des vecteurs de la vie du sujet. Mais le stade du miroir, comme le souligne le mythe de Narcisse qui finit par se noyer pour rejoindre son reflet, introduit aussi, face à cette image à laquelle le sujet est asservi et pour laquelle il est aimé, une tension mortelle. Le stade du miroir est pour Lacan au fondement de l'agressivité interhumaine.

Le Moi est ainsi le lieu d'une méconnaissance fondamentale, car l'aliénation qui lui a donné naissance n'est pas reconnue.

Le Symbolique, l'Imaginaire et le Réel

Après la guerre, Lacan est membre de la Société psychanalytique de Paris dont il sera quelque temps le président. Cette association est la seule représentant le mouvement freudien à l'époque en France, et elle est affiliée à l'Association psychanalytique internationale (API). En 1953, après une année de conflits portant en particulier sur l'organisation d'un Institut de psychanalyse destiné à la formation, Daniel Lagache, Juliette Favez-Boutonier, Françoise Dolto et Blanche Reverchon-Jouve démissionnent. Lacan les suivra. Ce départ a pour conséquence leur sortie, sans qu'ils le sachent vraiment, de l'Association psychanalytique internationale fondée par Freud.

Cette période est aussi celle d'un virage dans la position de Lacan. Il propose alors comme orientation un « retour à Freud », c'est-à-dire un retour au texte freudien tout entier. Se voulant le « commentateur » de Freud, il souhaite montrer la cohérence de l'œuvre. S'il a proposé les deux années précédant la scission un « retour au texte freudien », consacré à *L'Homme aux loups* la première année, puis à *L'Homme aux rats* la suivante, c'est

11. Il convient de distinguer *l'autre,* le semblable, avec qui intervient la captation et les identifications imaginaires, de *l'Autre,* lieu des signifiants, instance symbolique, qui introduit l'ordre du langage.

véritablement en 1953 que commence son «enseignement». Après la scission, le Séminaire se tiendra à Sainte-Anne. Une conférence, «Le Symbolique, l'Imaginaire et le Réel», tenue le 8 juillet 1953, puis le rapport du congrès de Rome prononcé le 26 septembre 1953, sont les moments inauguraux de son enseignement. Lacan introduit d'emblée une distinction fondamentale entre trois «registres essentiels de la réalité humaine» : le Symbolique, l'Imaginaire et le Réel. Ainsi l'Imaginaire apparaît comme le champ qui a été celui de ses investigations antérieures. Pour autant, son articulation aux deux autres registres le remanie profondément.

Nous avons souligné l'impasse dans laquelle se trouvait le sujet dans le rapport à cette image, et la tension agressive qui pouvait le saisir dans son rapport au semblable. Contrairement au discours philosophique dominant de ces années-là, cette situation pour Lacan n'apparaît pas comme sans issue. Car la parole intervient comme terme médiateur et fonction pacifiante. Dès lors, le Symbolique devient l'axe de l'enseignement de Lacan, et l'Imaginaire est situé comme subordonné à ce registre. Ce qui se conçoit si l'on reprend ce que nous avons pu indiquer concernant la fonction de la nomination par la mère dans l'assomption de l'image spéculaire. Lacan est ainsi amené à distinguer le sujet, à référer au Symbolique, du Moi, instance Imaginaire. Le Réel, dans le début de son enseignement, ne constitue pas l'élément essentiel de ses élaborations, il est «précisément ce qui nous échappe».

Dans la cure analytique, «l'efficacité de cette expérience se passe tout entière en paroles[12]». Ainsi le symptôme n'est qu'une parole bâillonnée que le travail analytique rendra à l'expression. La parole est quelque chose qui change la relation entre deux partenaires et les sort de l'impasse imaginaire ; elle a une fonction de médiation. Bien plus, elle se hisse en tant que telle à la dimension de l'acte. Ce qui permet de ne plus opposer le «au commencement était l'acte» que Freud reprend à Goethe, à «au commencement était le verbe» de la Genèse. La parole ainsi «permet entre deux hommes de transcender la relation agressive fondamentale au mirage du semblable». Elle est donc une fonction tierce qui permet de réarticuler d'emblée la question œdipienne et de donner sa place à ce que Lacan appellera la fonction paternelle. Il reprend la question de Freud sur le père, qui aura orienté sa

12. J. Lacan, *Le Symbolique, l'Imaginaire et le Réel*, 1953, inédit.

recherche depuis la découverte du complexe d'Œdipe jusqu'à *L'Homme Moïse et la Religion monothéiste*. Si l'on reprend les trois premiers ouvrages de Freud, à savoir *L'Interprétation des rêves*, *Psychopathologie de la vie quotidienne*, *Le Mot d'esprit et sa relation à l'inconscient*, c'est-à-dire la première topique, on s'aperçoit, avec Lacan, que ce sont la parole et le langage qui sont au principe de cette première avancée.

L'ambition de Lacan à cette époque est sans doute de répondre au vœu de Freud de donner à la psychanalyse le statut d'une science, et l'appui sur la linguistique structurale, celle de Saussure et de Jakobson, inconnue de Freud, devait le permettre.

Le rapport de Rome est un véritable texte-programme pour les premières années de l'enseignement de Lacan. Critique d'une déviation de la psychanalyse « infléchie vers l'adaptation de l'individu à l'entourage social », insistance sur le fait que « la psychanalyse n'a qu'un médium : la parole du patient », parole qui suppose une réponse et qui *a minima*, comme le démontre le dispositif, implique un Autre. Ainsi, « l'art de l'analyste doit être de suspendre les certitudes du sujet, jusqu'à ce que s'en consument les derniers mirages. Et c'est dans le discours que doit se scander leur résolution[13] ». L'accent est mis sur la première topique freudienne et sur la notion d'inconscient. « L'inconscient est cette partie du discours concret en tant que transindividuel, qui fait défaut à la disposition du sujet pour rétablir la continuité de son discours conscient[14]. » Le travail de l'analyste s'apparente à celui de l'historien. Il s'agit dès lors de faire surgir du passé une autre histoire. Lacan s'appuie à cette époque essentiellement sur la linguistique saussurienne, ainsi que sur les travaux anthropologiques de Levi-Strauss concernant les structures de la parenté. Quant à l'Imaginaire, il est dès lors référé au champ de l'éthologie qui étudie les comportements animaux hors langage.

Dans les formations de l'inconscient, dans le rêve, dans les symptômes inscrits sur le corps de l'hystérique, rien d'autre que des formations langagières que l'analyste est invité à déchiffrer. En effet, « la loi de l'homme

13. J. Lacan, « Fonction et champ de la parole et du langage en psychanalyse », in *Écrits*, *op. cit.*, p. 251.
14. *Id.*, p. 258.

est la loi du langage» et l'inconscient est le discours de l'Autre. Car le mot «Symbolique» se réfère tout autant au signifiant et au langage comme réseau, qu'à la fonction symbolique telle que l'a mise en avant Claude Levi-Strauss comme organisant l'échange à l'intérieur des groupes sociaux, à travers par exemple les règles qui président à l'alliance. L'universalité de l'interdit de l'inceste est alors cruciale, moins en tant qu'il interdit quelque chose mais plutôt en tant qu'il prescrit l'exogamie, comme le soulignait Levi-Strauss. Car le symbole en ce sens est un pacte, et ces symboles «sont d'abord signifiants du pacte qu'ils constituent comme signifiés[15]». La loi primordiale de l'interdit de l'inceste, celle que dévoile le complexe d'Œdipe, est donc «identique à un ordre de langage». Cette fonction est supportée par ce que Lacan appelle déjà le «nom du père» sans donner à ce terme la portée qu'il prendra par la suite[16].

L'analyste dans cette perspective a «un rôle d'enregistrement, en assumant la fonction fondamentale en tout échange symbolique, de recueillir [...] la parole qui dure». Il est témoin de la parole, «mais il reste le maître de la vérité[17]». Sa fonction dans la séance est celle de marquer la découpe du progrès de la parole. Il est celui qui ponctue et qui fait surgir après coup le sens de ce qui était jusque-là voilé.

L'ordre symbolique est celui du langage. Si l'Imaginaire lui est subordonné, c'est du fait du primat du signifiant, qui fait que l'homme est avant tout un être de langage. L'Œdipe, et partant la fonction du père, est ce qui essentiellement le supporte. Cet intérêt pour la fonction du père et l'accent mis sur le Symbolique n'est pas sans rapport avec leur déclin contemporain dans les sociétés occidentales. Cet accent, bien sûr, pose le problème d'une position paradoxale de la psychanalyse dans la modernité. Puisque d'une certaine façon, c'est l'effritement de ces fonctions sous les effets de l'avancée de la science qui permet l'émergence de l'analyse, et, en même temps, le fait que l'analyse réponde de ces fonctions la situe dans une position où le risque de passéisme n'est pas nul.

15. *Id.*, p. 272.
16. Voir *infra* p. 85-86 et p. 89-90.
17. *Id.*, p. 313.

La démarche de Lacan consiste, en prenant tout le texte freudien, non pas à le considérer comme étant la totalité du savoir psychanalytique, mais plutôt à tenter de l'interpréter, au sens analytique du terme, c'est-à-dire à l'interroger jusque dans ses impasses, et ceci dans le transfert, c'est-à-dire à le traiter aussi comme une parole.

L'emprunt que fait Lacan à la linguistique n'est pas de l'ordre de l'importation telle quelle d'un concept. On lui aura reproché une méthode qualifiée de détournement, mais celle-ci est au principe même de la démarche analytique.

Saussure propose ce schéma pour le signe[18] :

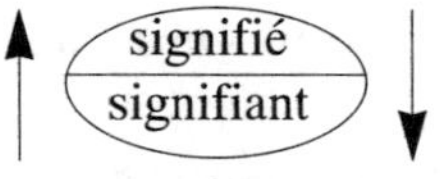

Le signe linguistique est une unité qui associe un signifié, c'est-à-dire un concept, à un signifiant, c'est-à-dire une image acoustique. « Le signe linguistique unit non une chose et un nom, mais un concept et une image acoustique[19]. »

Lacan défait cette unité. D'une part il inverse la position respective du signifiant et du signifié et décomplète leur unification dans le signe en supprimant l'ellipse. Enfin, il insiste sur la barre qui sépare signifiant et signifié. Il peut ainsi écrire :

$$\frac{S}{s}$$

La barre entre les deux affecte le sujet, elle témoigne du fait que celui-ci, quand il parle, ne sait pas ce qu'il dit. Lacan ira même plus loin en définissant ultérieurement le signifiant comme ce qui représente le sujet pour un autre signifiant au contraire du signe, qui représente quelque chose pour quelqu'un. En effet, le sujet n'est que représenté dans l'ensemble des signifiants — l'Autre —, on ne peut donc dire qu'il y soit. Il ne s'agit plus, dès lors, du signifiant saussurien : tout mot n'est pas un signifiant pour la psychanalyse.

18. F. de Saussure, *Cours de linguistique générale*, Paris, Payot, 1971, p. 158.
19. *Id.*, p. 98.

Au-delà de l'apparente identité des mots, c'est l'appareillage conceptuel de la linguistique qui est complètement remanié en s'intégrant à la psychanalyse. Celle-ci témoigne ainsi de sa particularité : une théorie faite d'emprunts divers, détournés d'autres champs théoriques, qu'en retour elle a vocation à mettre en crise.

L'objet a

Une nouvelle scission va avoir lieu en 1963, quand la Société française de psychanalyse demandera son intégration à l'IPA. Celle-ci ne sera acceptée qu'à la condition que soit retirée la fonction de didacticien à Dolto et Lacan. Celui-ci fonde, en 1964, l'École freudienne de Paris. Il est obligé de quitter Sainte-Anne et doit tenir son séminaire à l'École normale supérieure de la rue d'Ulm.

La notion de Symbolique implique également un remaniement profond de la notion d'objet et la subversion de la relation classique du sujet et de l'objet. Là où la psychanalyse, à cette époque, avait axé toute sa tâche sur la relation d'objet et sur l'élaboration dans la cure d'une relation à un bon objet génital avec qui il y aurait une complémentarité possible, Lacan tire les conséquences de sa mise en avant du Symbolique, en introduisant à la place de la notion d'objet, celle de manque d'objet. Cette perspective est tout à fait cohérente avec la position freudienne pour qui l'objet est foncièrement toujours et avant tout un objet perdu. En effet, les premiers objets de satisfaction sont irrémédiablement perdus, et la quête du sujet, celle qui oriente sa vie, le fait tendre à une retrouvaille devenue en même temps impossible. C'est ce que Freud met en avant à propos du *fort-da*, que nous avons évoqué plus haut. De même, le sein comme objet primordial de l'enfant aura été perdu. Et Lacan indique que la coupure concernant cet objet passe pour le sujet non pas entre la bouche et le sein, mais entre le sein et le corps de la mère. Cet objet fera défaut dans l'image spéculaire. Lacan avancera dans ces années-là son concept d'« objet a » à partir de l'initiale du petit autre. C'est-à-dire que l'objet a apparaît d'abord comme un objet imaginaire, leurrant, venant à la place du défaut d'objet, et c'est plus tard qu'il lui conférera un autre statut.

Cet objet n'est pas sans parenté avec l'objet transitionnel de Winnicott, ce bout de tissu, cet objet apparemment quelconque que l'enfant élit sur la trace de la séparation[20]. Winnicott insistera sur le fait que cet objet est fait pour être perdu. Dans les dernières années de son enseignement, Lacan en viendra même à indiquer que la visée d'une analyse est que le sujet puisse à terme saisir ce qu'il aura été comme objet, car pour l'Autre c'est ce qu'il aura été. Mais Lacan soutient, dans un premier temps, la possibilité d'une intersubjectivité, idée qu'il abandonnera par la suite, le transfert étant ce qui y objecte. Cette place de l'objet que le sujet aura été pour l'Autre, cette place ultime et première, cette fonction de l'enfant comme objet a pour la mère, objet à la fois leurrant et chu, on la trouve évoquée dans un article de Winnicott. En 1957, dans « Contributions de l'observation directe des enfants à la psychanalyse », il indique que « sans environnement », c'est-à-dire sans la mère — « il n'y a pas de survie physique ou affective du nourrisson. Pour commencer, sans environnement, le nourrisson ne cesserait de tomber[21] ». Une traduction plus précise serait qu'il « tomberait infiniment » (*infinitely*, dans le texte original).

Cette perspective est également concevable du fait que la symbolisation a pour effet de constituer le manque, de faire, en quelque sorte, choir l'objet. Il n'y a pas en effet de symbole sans manque d'objet. C'est en absence de l'objet que le symbole de celui-ci peut apparaître et en même temps, c'est la symbolisation qui fait disparaître l'objet. Ce qui se comprendra si l'on pense, par exemple, au jeu du *fort-da* ou bien au rituel du deuil et à l'inscription du nom propre sur la pierre tombale.

La demande de l'enfant à l'Autre primordial, demande d'un objet de satisfaction, disparaît dans la demande d'amour que constitue toute demande. L'objet dès lors devient contingent. En même temps, le signifiant rencontre une limite à pouvoir symboliser ; il y a quelque chose qui n'est pas articulable dans la demande et ce point va prendre une fonction fondamentale. C'est en ce lieu du défaut du signifiant que va prendre

20. D.W. Winnicott, «Objet transitionnel et phénomène transitionnel», in *De la pédiatrie à la psychanalyse*, *op. cit.* ; repris dans *Jeu et réalité. L'espace potentiel*, trad. C. Monod et J.-B. Pontalis, Paris, Gallimard, coll. « Connaissance de l'Inconscient », 1975 ; voir *supra* p. 52.

21. D.W. Winnicott, « Contribution de l'observation directe des enfants à la psychanalyse », in *Processus de maturation chez l'enfant*, trad. J. Kalmanovitch, Paris, Payot, p. 79.

place la fonction phallique, car le phallus est avant tout ce qui apparaît comme manquant dans l'Autre, supporté par le pénis en tant qu'il manque à la mère, manque qui ne saurait exister sans l'ordre symbolique. Il est la façon dont la mère se manifeste comme désirante, désir qui la porte au-delà de son enfant et par lequel s'introduit, dans cette relation, la fonction éminemment symbolique du père. Il signifie l'interdit de l'inceste et remanie la place du phallus en l'articulant à la question de la castration. C'est la lecture que Lacan donne du complexe d'Œdipe[22].

Dans la structuration du sujet, Lacan propose la notion de «métaphore paternelle» comme opération de substitution du signifiant du Nom du Père au désir obscur de la mère. Dès lors, le Nom du Père devient à la fois ce qui est en dehors de l'Autre et en même temps ce qui le soutient, ce qui soutient toute la chaîne symbolique. Il est aussi ce qui, dès lors, ordonne le sens.

R.S.I.

C'est de plus en plus vers la question du Réel et la reprise de sa triade fondatrice que s'oriente l'enseignement de Lacan. En réinterrogeant la sexualité, la relation entre les sexes, à partir du fantasme, il en viendra à énoncer : «il n'y a pas de rapport sexuel» — comme reformulation de la problématique freudienne de la différence des sexes et de la façon dont le sujet est introduit à la question de la sexualité à partir du couple parental[23]. C'est ce qui constitue le Réel pour le sujet. Ce non-rapport est un effet du langage et de la parole. La différence des sexes n'est pas inscrite dans l'inconscient, indiquait Freud, et il n'y a qu'une seule libido pour les deux sexes. L'apparente complémentarité anatomique des sexes n'est qu'illusoire.

En 1974, le séminaire intitulé *R.S.I.* puis le séminaire de l'année suivante intitulé *Le Sinthome*, reprennent les trois registres et leurs relations réciproques avec le nœud borroméen et l'introduction, quelques années auparavant, des questions touchant au problème de la jouissance, comme un au-delà du principe de plaisir. Dans ces années-là, c'est l'utili-

---

22. Voir *infra* pp. 84 *sqq* et 89 *sqq.*
23. Voir *infra* p. 71.

sation du nœud borroméen qui sert de support à son enseignement. Ce nœud a comme particularité de nouer trois ronds de telle manière que la section de l'un quelconque défait le nouage. Si chacun des trois ronds figure l'un des trois registres — Réel, Symbolique, Imaginaire — il y a alors une équivalence entre eux et on ne peut plus parler d'une subordination de l'Imaginaire au Symbolique. Les registres mêmes, dans cette reprise, sont remaniés. Mais ce nouage présente une limite, comme Lacan le montrera dans le séminaire sur Joyce intitulé *Le Sinthome*. D'une certaine manière, c'est encore un retour à Freud, et peut-être aux limites que Freud lui-même a indiquées quant à l'expérience analytique, limites que Lacan n'aura eu de cesse d'interroger et de tenter de franchir, qui le conduisent à introduire un quatrième rond nouant les trois autres ensemble, fonction antérieure et fondamentale de nouage qui peut être aussi bien le sinthome dans le cas de Joyce que le Nom du Père.

Il ne saurait être question dans ces quelques pages de donner plus qu'un aperçu très réduit de l'œuvre considérable de Lacan qui irrigue aujourd'hui tout le champ psychanalytique bien au-delà des limites du mouvement lacanien.

Lacan meurt en 1981 après avoir dissous son École, l'année précédente.

Françoise Dolto (1908-1988)

Elle voulait devenir « médecin d'éducation », elle sera psychiatre et psychanalyste, sans pour autant renoncer à ce qui a motivé son projet premier.

Membre de la Société psychanalytique de Paris, elle démissionnera en 1953 et participera, à partir de 1964, à l'École freudienne de Paris fondée par Lacan. Bien qu'elle accompagne celui-ci dans les batailles qui agitent le mouvement psychanalytique français, et qu'elle utilise certains des concepts qu'il a forgés, elle élabore une approche originale de la psychanalyse, principalement à partir de sa pratique avec les enfants.

Répondant au vœu de Freud de permettre une prophylaxie des névroses par l'éducation des parents et éducateurs, elle intervient régulièrement dans la presse féminine, la radio, etc. et acquiert ainsi une célébrité allant bien au-delà des cercles spécialisés, marquant toute une époque d'un style nouveau d'attention portée aux enfants.

Elle est également très soucieuse de la formation des psychanalystes, en particulier dans la pratique avec les enfants, ouvrant à ceux-ci sa consultation de l'hôpital Trousseau, assurant, pendant des années, un séminaire régulier. Il est impossible de transmettre l'étonnant génie clinique dont elle faisait preuve et qui a frappé tous ceux qui l'ont approchée. L'enfant comme sujet — dès avant la naissance, ce qui la distingue de Lacan — a été le souci constant de son travail. La conception est déjà le lieu de trois désirs : celui du père, celui de la mère et celui de l'enfant, ce qui là aussi la distingue de Lacan pour qui le désir est situé comme désir du désir de l'Autre.

Elle proposera une conception du développement de l'enfant fondée sur les stades freudiens, scandés par des castrations symboligènes, y ajoutant une première castration ombilicale. Ces castrations sont données par l'adulte et sont humanisantes (cf. ci-dessous son échange avec Lacan sur les stades du développement[24]).

Pour Dolto, tout est langage (c'est d'ailleurs le titre de l'un de ses livres), il n'y aurait en quelque sorte pas de limite à la symbolisation.

De même, en définissant la notion d'image inconsciente du corps, elle développe une conception différente de ce que Lacan propose avec le stade du miroir, qui, pense-t-elle d'ailleurs, survient dans un temps plus tardif. Si la parole est efficace très tôt avec l'enfant, comme le montrent les cures, et ceci bien avant que l'enfant ne parle, il faut supposer que quelque chose se trouve engagé lors de ces étapes précoces et, pour elle, c'est le corps de l'enfant. L'image du corps est à la fois symbolique et imaginaire. Elle en distingue plusieurs modalités : l'image de base qui est de l'ordre du narcissisme primordial, le plus archaïque et que l'on peut rapprocher du sentiment de continuité d'être de Winnicott ; l'image fonctionnelle qui est celle de la relation à l'environnement ; l'image érogène à la recherche de l'autre ; l'image dynamique qui relie les trois autres et qui tient au désir.

24. Voir *infra* p. 83-84.

3

CONCEPTS FONDAMENTAUX DE LA PSYCHANALYSE

1. L'INCONSCIENT

Dans sa lettre à Fließ du 6 décembre 1896, Freud donne une définition de l'appareil psychique comme lieu de mémoire où s'inscrivent des «traces mnésiques». Les signes sont l'objet d'enregistrements, à trois niveaux distincts dans l'appareil psychique[1] :

$$W — Wz^{I} — Ub^{II} — Vb^{III} — Bew.$$

W (Wahrnehmung) est la perception, mais c'est un lieu qui ne conserve pas la trace de ce qui arrive «car le conscient et la mémoire s'excluent mutuellement».

I) Wz (Wahrnehmungszeichen) est le lieu du premier enregistrement des perceptions, qui est incapable de devenir conscient.

II) Ub (Unbewußtsein), l'inconscient, est le lieu d'une deuxième transcription tout aussi inaccessible au conscient.

III) Vb (Vorbewußtsein), le préconscient, est le lieu de la troisième transcription, «liée aux représentations verbales». Ici se trouve la possibilité du devenir conscient.

Bew (*Bewußtsein*) est la conscience.

Les enregistrements successifs modifient les enregistrements antérieurs et petit à petit une somme d'inscriptions se fait sans que soit marquée une quelconque distinction chronologique. Ce qui s'inscrit dans l'inconscient est le refoulé. Cette position topique est liée à l'éventualité d'une production de déplaisir, s'il y avait une «traduction». Il y a donc une défense contre le déplaisir qui explique le refoulement. Cette défense est patholo-

1. S. Freud, *La Naissance de la psychanalyse*, *op. cit.*, lettre n° 52, p. 154 ; lettre n° 112, p. 218 dans l'édition complète en allemand de la correspondance avec Fließ, *op. cit.*

gique quand elle est dressée contre «le caractère sexuel de l'incident et sa survenue au cours d'une phase antérieure[2]».

1.1 La *Métapsychologie*

En 1915, Freud entreprend la rédaction d'une série d'articles consacrés à la théorie qu'il intitule «Métapsychologie». Il n'ira pas au bout de son projet mais cinq articles nous sont parvenus, et en particulier celui consacré à l'inconscient. Il commence cet article en apportant une précision, à savoir que refoulé et inconscient ne sont pas synonymes. En effet, «tout refoulé demeure nécessairement inconscient, mais nous tenons à poser d'entrée que le refoulé ne recouvre pas tout l'inconscient. L'inconscient a une extension plus large ; le refoulé est une partie de l'inconscient.»[3] Il souligne également que la psychanalyse n'est pas une théorie de l'inconscient. Nous rappellerons qu'elle est une théorie de la pratique analytique, qui se soutient de l'inconscient comme hypothèse. En effet, il n'y a aucun accès direct à l'inconscient. Le travail psychanalytique est la seule méthode par laquelle nous pouvons l'aborder en «traduction». Il ne conduit pas à la connaissance d'un inconscient qui serait devenu conscient, mais à la prise en compte d'une conviction, ou d'une croyance — Freud utilise ces deux mots — en l'existence de l'inconscient, ce qui n'est pas sans conséquence sur la vie du sujet. La production du savoir inconscient comme effet de l'analyse, la transformation de la vérité entr'aperçue, fulgurante, qui surgit au cours du travail, en savoir est la tâche analytique. Ainsi, de l'inconscient nous ne pouvons avoir de définition, ou de repérage, que par une sorte de *via negationis*. Et dans cet article, Freud le caractérise par des attributs négatifs.

Ce qui veut dire que l'inconscient ne se formule comme hypothèse qu'à partir d'un certain nombre de preuves qui rendent cette hypothèse «*nécessaire* et *légitime*».

Donc, «l'inconscient comprend d'une part, des actes qui sont simplement latents, temporairement inconscients, mais qui, le reste du temps, ne

2. *Id.*, p. 156.
3. S. Freud, «L'inconscient» (1915*e*), in *Métapsychologie*, trad. J. Laplanche et J.-B. Pontalis, Paris, Gallimard, coll. «Idées», 1968, p. 65; *G.W.* X ; OCF.*P.* XIII.

se distinguent en rien des actes conscients et, d'autre part, des processus, comme les processus refoulés, qui, s'ils devenaient conscients, se détacheraient du reste des processus conscients de la façon la plus tranchée[4] ». On saisit ainsi que la définition de l'inconscient de Freud est radicalement distincte des définitions qui lui étaient antérieures. L'inconscient n'est pas ce qui reste quand on a retranché la conscience, il est un lieu particulier, une instance, qui entretient des rapports spécifiques au sein de l'appareil psychique avec le préconscient et le conscient.

Cette relation entre conscient et inconscient, Freud souligne qu'elle ne s'applique pas à la pulsion. En effet, la pulsion n'est jamais consciente. Pour autant, dans l'inconscient elle n'est pas là en tant que telle, elle n'y est que représentée.

L'inconscient comporte certaines particularités que Freud énumère :

— Son noyau est « constitué par des représentants de la pulsion qui veulent décharger leur investissement, donc par des motions de désir[5] ».

— Dans l'inconscient il n'y a « ni négation, ni doute, ni degré dans la certitude ». Ces notions ne sont introduites, dit Freud, que « par le travail de la censure entre *Ics* et *Pcs* [Inconscient et Préconscient][6] ».

— C'est le processus primaire qui règne dans l'inconscient. C'est-à-dire qu'on n'y trouve que des « intensités d'investissements » d'une grande mobilité. Déplacement et condensation sont les mécanismes principaux qui y sont à l'œuvre.

— Les processus inconscients sont « intemporels, c'est-à-dire qu'ils ne sont pas ordonnés dans le temps, ne sont pas modifiés par l'écoulement du temps, n'ont absolument aucune relation avec le temps ».

— Ces processus ne sont soumis qu'au principe de plaisir, et n'ont aucun égard à la réalité.

Au total : « *absence de contradiction, processus primaire* (mobilité des investissements), *intemporalité* et *substitution à la réalité extérieure de la réalité psychique*[7] ».

---

4. *Id.*, p. 75.
5. *Id.*, p. 96.
6. *Id.*, p. 97.
7. *Id.*, p. 98.

On remarquera que Freud conclut cet article avec un détour par la psychose, à savoir la schizophrénie, là où «bien des choses sont manifestées sous forme consciente, alors que dans les névroses de transfert, seule la psychanalyse nous permet de prouver leur existence dans l'*Ics* [Inconscient][8]». Ce qui le retient et qu'il étudie dans ce cas, ce sont les altérations du langage.

1.2 L'inconscient est structuré comme un langage

Si, dans l'inconscient, il n'y a que des représentations, alors on comprend que Lacan ait pu, dès le début de son enseignement, affirmer que «l'inconscient est structuré comme un langage», formule où l'on ne doit néanmoins pas oublier le «comme».

L'inconscient est défini par Lacan, dans les premiers temps de son enseignement, comme «ce chapitre de mon histoire qui est marqué par un blanc ou occupé par un mensonge : c'est le chapitre censuré. Mais la vérité peut être retrouvée ; le plus souvent déjà elle est écrite ailleurs. À savoir :
— dans les monuments : et ceci est mon corps, c'est-à-dire le noyau hystérique de la névrose où le symptôme hystérique montre la structure d'un langage et se déchiffre comme une inscription qui, une fois recueillie, peut sans perte grave être détruite ;
— dans les documents d'archives aussi : et ce sont les souvenirs de mon enfance, impénétrables aussi bien qu'eux, quand je n'en connais pas la provenance ;
— dans l'évolution sémantique : et ceci répond au stock et aux acceptions du vocabulaire qui m'est particulier, comme au style de ma vie et à mon caractère ;
— dans les traditions aussi, voire dans les légendes qui sous une forme héroïsée véhiculent mon histoire ;
— dans les traces, enfin, qu'en conservent inévitablement les distorsions, nécessitées par le raccord du chapitre adultéré dans les chapitres qui l'encadrent, et dont mon exégèse rétablira le sens».

© J. Lacan, «Fonction et champ de la parole et du langage en psychanalyse», in *Écrits*, Paris, Le Seuil, coll. «Le Champ freudien», 1966, p. 259.

8. *Id.*, p. 111.

Sont-ce pour autant des signifiants ? Ce qu'il y a dans l'inconscient est de l'ordre de la lettre, là où les mots fonctionnent comme des choses, hors sens, lettre qui est pour Lacan la structure localisée du signifiant.

D'autre part, l'aliénation que nous avons signalée à propos du rapport du sujet au miroir se redouble d'une aliénation dans le registre symbolique. La langue avec laquelle nous parlerons est la langue de l'Autre, la langue maternelle. Nous sommes tenus d'en passer par ses signifiants pour pouvoir articuler une demande. Mais c'est là aussi que, dans le chemin de l'organisation de la structure par le langage, seront signifiés la Loi et partant le désir. L'Autre est donc ce lieu auquel le sujet adresse sa question, celle sur le sexe et la mort, celle de son existence même. Or, il y a un «sujet de l'inconscient» et ce qui se manifeste de celui-ci en fournit la preuve. Ce sujet est sujet du signifiant, il en est l'effet, il est aussi représenté par lui. En tant que tel, ce sujet trouve donc son fondement au lieu de l'Autre, mais il en est aussi exclu. Ce qui permet de comprendre cette formule de Lacan : « L'inconscient est le discours de l'Autre. »

Comme Freud le notait, la différence des sexes n'est pas inscrite dans l'inconscient, où l'on ne trouve que l'opposition passif-actif. Cette non-inscription rend compte de la particularité du sexuel chez l'humain tributaire du langage. Ce que Lacan traduira par cette formule : « il n'y a pas de rapport sexuel », impossible, non-rapport constituant le Réel pour le sujet.

1.3 Le refoulement

Le refoulement qui frappe une représentation ne la supprime pas, mais l'empêche de devenir consciente. Il ne porte que sur des motions pulsionnelles. En effet, la réaction équivalente concernant une excitation externe serait la fuite.

Si « l'essence du refoulement ne consiste qu'en ceci : mettre à l'écart et tenir à distance du conscient[9] », c'est que la pulsion qui va être soumise au refoulement provoquerait plus de déplaisir que de plaisir si elle était satisfaite. C'est ceci qui motive le refoulement.

9. S. Freud, «Le refoulement» (1915*d*), in *Métapsychologie*, *op. cit.*, p. 47 ; *G.W.* X ; OCF. *P.* XIII.

Ce qui est refoulé, c'est-à-dire le représentant de la pulsion, persiste dans l'inconscient. Il produit des rejetons et continue à y être actif. Les rejetons ont en quelque sorte d'autant plus de chances de gagner la conscience qu'ils sont éloignés du noyau du refoulement. Ainsi, le mot d'esprit est une circonstance où s'opère une levée du refoulement, il est la voie par laquelle quelque chose peut échapper, mais ce moment ne dure pas. Sur un plan dynamique le refoulement exige une dépense d'énergie constante. Ce qui est refoulé ne l'est pas une fois pour toutes. C'est ici qu'intervient l'affect. La question de l'affect est d'ailleurs un des points de critique les plus aigus qui sera fait au commentaire de Freud par Lacan. Mais il est sans aucun doute abusif de dire que Lacan ne s'est pas intéressé à l'affect. Il a, par exemple, consacré une année de séminaire à l'angoisse et il est revenu sur cette question à plusieurs reprises.

Le refoulement est un des destins pulsionnels possibles. Il n'est pas le seul et la question qui a été souvent débattue par les commentateurs de Freud est la façon dont il faut situer la notion de refoulement par rapport à celle de défense. On pourrait dire que la défense est le nom générique d'un ensemble de manifestations dont le refoulement n'est qu'un cas particulier. Pourtant, le refoulement a une extension bien plus grande que celle d'être une simple modalité de la défense.

Freud distingue trois phases du refoulement. Tout d'abord le refoulement originaire, puis le refoulement proprement dit ou refoulement après-coup, enfin le retour du refoulé.

Le refoulement proprement dit ou refoulement après-coup

Il porte sur les représentants de la pulsion. La représentation subit un retrait de l'investissement préconscient ; quant à l'investissement inconscient, il est conservé, ou plutôt il y a « substitution à l'investissement préconscient d'un investissement inconscient ». Ce phénomène d'investissement a comme corollaire un contre-investissement qui vient du système préconscient, mais il y a aussi une attraction qui provient des éléments déjà refoulés. Freud est donc conduit à admettre un premier temps du refoulement qui est le refoulement originaire.

Le refoulement originaire

Le refoulement originaire se déduit logiquement du refoulement proprement dit, ou refoulement après-coup. C'est la première phase du refoulement. «Le représentant psychique (représentant-représentation) de la pulsion se voit refuser la prise en charge dans le conscient. Avec lui se produit une *fixation* ; le représentant correspondant subsiste, à partir de là, de façon inaltérable et la pulsion demeure liée à lui»[10]. Ce refoulement originaire a une particularité, c'est qu'il ne dépend que d'un «*contre-investissement* par lequel le système *Pcs* [Préconscient] se protège contre la poussée de la représentation inconsciente [...]. C'est lui qui représente la défense permanente d'un refoulement originaire, mais aussi qui garantit la permanence de celui-ci. Le contre-investissement est le seul mécanisme du refoulement originaire ; dans le refoulement proprement dit (refoulement après-coup), il s'y ajoute le retrait de l'investissement *pcs*[11]».

Si le refoulement proprement dit porte sur les représentants des pulsions, orales et anales, auxquelles Lacan ajoutera la pulsion scopique et la pulsion invocante, à quoi tient donc le refoulement originaire ? Dans l'hypothèse lacanienne, le refoulement originaire porte sur un signifiant attaché à l'Autre comme corps, comme jouissance. Le phallus fera, après coup, son œuvre séparatrice et c'est ce qui explique le refoulement des autres représentants pulsionnels en tant que corrélés à cette question. Ainsi dans l'hystérie, l'oral et le phallique se trouvent étroitement liés.

La troisième phase du refoulement est pour Freud le retour du refoulé qu'il faut donc comprendre comme partie du refoulement, celle qui se manifeste dans la formation des symptômes qui sont des formations de substitut, des formations de compromis.

2. La répétition

La répétition est située par Freud comme une contrainte. Cette notion subira des remaniements au cours de l'œuvre freudienne qui tiennent essentiellement à sa place dans l'appareil théorique, place qui deviendra prépondérante avec la deuxième topique. Il y a dans la vie des patients des comportements répétitifs qui se déroulent à leur insu et qui constituent

10. *Id.*, p. 48.
11. S. Freud, «L'inconscient», in *Métapsychologie*, *op. cit.*, pp. 88-89.

des manières de retour du refoulé. Néanmoins, ces répétitions ne sont pas nécessairement une source de plaisir. Ainsi, Freud les repère dans des conduites répétitives d'échec (ceux qui, par exemple, «échouent devant le succès») dans les névroses traumatiques, où le sujet répète dans le rêve la situation traumatique, etc., ainsi que dans le jeu de l'enfant comme ce jeu du *fort-da* que nous avons décrit plus haut, où l'enfant répète une situation, celle du départ de la mère, qui n'est pas pour lui une source de plaisir.

Freud s'était déjà interrogé sur la place de la répétition dans le traitement. Il avait été amené à constater que ce qui constituait la base même du traitement analytique, à savoir la remémoration, avait une limite. Et cette limite se manifestait cliniquement dans des actions de l'analysant, que ce soit dans le cadre même du traitement ou dans sa vie. Ce qui ne pouvait se remémorer se répétait. Ceci devait le conduire à repenser la notion de transfert, transfert en tant que résistance, mais aussi dans sa dimension actuelle. De cela nous reparlerons un peu plus loin, mais doit-on pourtant identifier transfert et répétition ?

La répétition est ce qui conduira Freud à revenir sur sa théorie des pulsions et à faire l'hypothèse d'une *pulsion de mort,* d'un au-delà du principe de plaisir. Les remaniements auxquels il est conduit pendant et après la Première Guerre mondiale tiennent tout à la fois à une certaine usure de la psychanalyse liée à sa diffusion culturelle et sociale, ce qui a des effets, en retour, de résistance dans les cures — la psychanalyse produisant sa propre résistance — mais aussi liée à l'élargissement des indications du traitement. Que la dimension de la répétition soit restée voilée quand l'analyse était essentiellement analyse des hystériques n'avait peut-être rien d'étonnant, comme le souligne Lacan, car dans cette remémoration «on ne savait pas que le désir de l'hystérique c'était le désir du père, à soutenir dans son statut. Rien d'étonnant que, pour le bénéfice de celui qui prend la place du père, on se remémore des choses jusqu'à la lie [12]».

12. J. Lacan, *Les Quatre Concepts fondamentaux de la psychanalyse, Le Séminaire Livre XI* (1964), texte établi par J.-A. Miller, Paris, Le Seuil, coll. «Le Champ freudien», 1973, p. 49.

2.1 *Tuché* et *automaton*

La place de première importance que prendra la répétition dans la théorie analytique ne pouvait donc qu'être voilée dans un premier temps. Lacan ira jusqu'à en faire l'un des concepts fondamentaux de la psychanalyse. Mais il la distingue suivant deux registres, et, pour ce faire, il emprunte des catégories aristotéliciennes. D'une part, il y a l'*automaton* comme répétition liée au symbolique. C'est «l'insistance des signes à quoi nous nous voyons commandés par le principe de plaisir[13]». En effet, il est caractéristique de la chaîne signifiante que le signifiant ne cesse de revenir du fait même de la structure du langage, organisé autour de la disparition d'un premier signifiant.

L'autre face de la répétition apparaît alors dénommée par Lacan *tuché* (rencontre hasardeuse en grec) qui relie la répétition au trauma. Le trauma c'est une rencontre réelle, quelque chose que le sujet n'a pu éviter mais qui a été insupportable. C'est quelque chose qui n'a pas pu être symbolisé et la répétition apparaît toujours comme une tentative de symboliser ce qui n'a pu l'être, tentative de maîtrise mais qui est nécessairement vouée à l'échec.

Ainsi la répétition comme limite à la remémoration est liée au Réel, en tant qu'impossible. Lacan commente ainsi le *fort-da* : «La béance introduite par l'absence dessinée, et toujours ouverte, reste cause d'un tracé centrifuge où ce qui choit, ce n'est pas l'autre en tant que figure où se projette le sujet, mais cette bobine liée à lui-même par un fil qui le retient — où s'exprime ce qui, de lui, se détache dans cette épreuve, l'automutilation à partir de quoi l'ordre de la signifiance va se mettre en perspective[14]».

13. *Id.*, p. 54.
14. *Id.*, p. 60.

3. Le transfert

« Au commencement était le transfert » peut écrire Lacan dans sa Proposition d'octobre 1967[15]. Au commencement de l'histoire de la psychanalyse, puisqu'en dernier ressort dans l'hypnose comme dans la suggestion c'est le transfert qui est opérant, et c'est bien le transfert que la cure d'Anna O. met en évidence, mais aussi au commencement de toute analyse. Il peut paraître surprenant de le voir s'installer quasi automatiquement, mais cela l'est moins si l'on pense que ce que l'analysant adresse à l'analyste en venant le voir, c'est avant tout une demande. Cette demande est d'ailleurs ambiguë. Elle est d'une part demande d'amour, ce qu'est dans son fond toute demande, et d'autre part, elle est demande adressée à quelqu'un à qui l'on suppose un savoir sur son symptôme. Le transfert apparaît ainsi, d'emblée, paradoxal.

Au début, Freud parle des transferts. Il s'agit pour lui d'un mode de déplacement, dans le rêve par exemple, du désir inconscient sur des restes diurnes qui constituent les éléments manifestes du rêve. Un affect se déplace d'une représentation à une autre. Mais il s'agit aussi du transfert effectué sur la personne du médecin. De la même manière que dans le rêve, la personne du médecin est substituée à une personne antérieure, pas n'importe laquelle puisqu'il s'agit de figures parentales impliquées dans le complexe d'Œdipe.

Le transfert va apparaître rapidement comme ce qui est au cœur du processus analytique. Or, d'une part comment le caractériser ? Et d'autre part comment comprendre la spécificité qu'il revêt dans la cure quand on peut penser que le transfert participe de toutes les relations sociales sous la forme de ce qu'on peut dénommer transfert sauvage ? Qu'est-ce qui distingue le transfert sauvage du transfert analytique ? Car ce qui est au principe du transfert, c'est l'indestructibilité et l'actualité du désir inconscient. Le sujet est amené à répéter dans sa vie, et dans l'analyse, de « nouvelles éditions » de tendances, de fantasmes liés à des représentations, dont la première édition infantile a été refoulée. Cette « mise en acte

15. J. Lacan, « Proposition du 9 octobre 1967 sur le psychanalyste de l'École », in *Scilicet*, n° 1, Paris, Le Seuil, coll. « Le Champ freudien », 1968.

de l'inconscient», comme pourra le dire Lacan, est donc avant tout une nécessité de la cure puisque c'est l'analyse du transfert dans un second temps qui permet le progrès du traitement. Le transfert est le moteur de la cure car, comme l'écrit Freud, nul ne peut être tué «*in absentia* ou *in effigie*[16]».

Il est lié à la répétition, répétition qui s'effectue dans la méconnaissance la plus totale. C'est là l'autre face du transfert en tant que résistance. Ayant partie liée à la répétition, il s'oppose à la remémoration et le transfert dans ses manifestations affectives augmentera à mesure qu'on s'approche du noyau pathogène. Car le sujet tient à ce qu'il vient répéter pour autant que ceci est lié à son désir. Il se manifestera dans la cure de deux manières : ce que Freud nomme le transfert positif, à savoir les sentiments amicaux ou tendres éprouvés pour l'analyste, ou bien le transfert négatif qui correspond aux sentiments agressifs ou hostiles ressentis à l'égard de celui-ci. Ce sont des formes non contradictoires, qui orientent la technique différemment suivant les cas, mais ils procèdent tous les deux des mêmes origines.

Mais le transfert analytique n'est pas pure répétition. Il est l'occasion d'une rencontre qui, du fait du cadre et de la position de l'analyste, ne sera pas simple répétition de ces motions infantiles. Là où le sujet peut trouver chez un partenaire quelconque l'occasion d'accomplir ce cycle, l'analyste par la position singulière qu'il occupe et le fait qu'il n'adhérera pas d'une façon adéquate à la figure que lui fait occuper l'analysant, qu'il ne répondra pas de cette place à laquelle l'assigne la répétition, offre l'occasion de pouvoir en savoir quelque chose.

Le Sujet supposé savoir et le désir de l'analyste

Puisque le savoir en jeu est le savoir inconscient, Lacan proposera la formule de «Sujet Supposé Savoir» pour rendre compte du transfert et caractériser la situation analytique. Dans une première approche, le Sujet Supposé Savoir peut apparaître comme étant incarné par l'analyste, celui à qui on adresse une demande comme étant supposé savoir quelque chose

16. S. Freud, «La dynamique du transfert» (1912*b*), trad. A. Berman, in *La Technique psychanalytique*, Paris, P.U.F., coll. «Bibliothèque de Psychanalyse», 1970, p. 60; *G.W.* VIII ; OCF.*P.* XI.

sur le malaise ou la souffrance qui habite le patient. Il faut pour cela qu'existe un certain contexte culturel qui pose le savoir comme remède. Mais le savoir en jeu, celui qui va être mis au travail dans la situation analytique, n'est pas de l'ordre d'un savoir constitué, d'un savoir comme celui que propose la science par exemple, c'est un savoir à produire qui engage l'analyste dans une position de non-savoir pour pouvoir accueillir sans préjugé ce qui va se dire dans cette nouvelle cure-là. Ainsi, pour saisir ce que Lacan veut dire avec ce terme, il faut le désincarner, le laisser se déprendre d'une vision interindividuelle de la situation analytique pour le concevoir comme un élément constitutif, ternaire, de la cure.

Ce qui se joue dans le transfert sauvage, et qui trouve son répondant dans le partenaire choisi par le sujet, est que celui-là sera pris dans un transfert symétrique à celui qui s'adresse à lui. Cette symétrie, au cœur de la face imaginaire du transfert, est, pour l'analyste, à dénouer. Ici intervient le contre-transfert, ces sentiments que l'analyste peut ressentir à l'égard de son patient et qu'il lui incombe d'analyser pour qu'il n'entrave pas le progrès du traitement. Pourtant ce terme de contre-transfert reste trop tributaire d'une symétrie mal venue pour rendre compte de ce qui se passe dans la cure. Mais il indique en quoi l'analyse de l'analyste est l'élément fondamental de la formation. Car l'analyste n'en viendra pas au fait avec son patient dans la cure malgré les sollicitations transférentielles qui pourraient l'y conduire, non pas parce qu'il se l'interdirait, ce qui serait une contrainte, mais, c'est l'hypothèse de Lacan, parce qu'il est habité par un autre désir. Ce *désir de l'analyste,* pour Lacan, est au principe même du transfert. Ce qui est moteur dans le transfert est quelque chose qui vient de l'analyste, son désir, désir qui reste énigmatique dans la cure comme le premier rapport que le sujet aura eu au désir de l'Autre. Cette conception du désir comme désir de l'Autre — c'est son origine — rend compte de la facilité apparente avec laquelle se met en place le transfert au début du traitement. C'est le fait que l'analyste ne proposera pas de réponse à la demande de l'analysant, susceptible de le leurrer, qui permettra de maintenir quelque chose du mouvement de la cure. Ce qu'offre l'analyste dans le traitement, c'est son manque, manque qui le fait désirant. Mais ce désir inédit qu'est le désir de l'analyste est le produit de la cure analytique.

4. La sexualité infantile

La sexualité, au sens freudien du terme, est à distinguer de la génitalité à entendre comme liée à l'effectuation de l'acte sexuel. Ce sont différentes fonctions liées au plaisir qui prendraient dans un second temps une valeur sexuelle et qui expliquent le refoulement affectant la représentation de la pulsion. La sexualité infantile est une sexualité établie par Freud à partir des reconstructions proposées par les cures d'adultes.

Or, il faut dire que la sexualité pour l'enfant se présente avant tout comme une série d'énigmes auxquelles il tente tant bien que mal de répondre par ce que Freud appelle les «théories sexuelles infantiles». Faut-il, d'ailleurs, opposer avec certitude la sexualité infantile à celle de l'adulte, conçue comme maturation de celle-là ? Car ce que la psychanalyse dévoile, n'est-ce pas justement que la sexualité est infantile jusque dans la vie de l'adulte ? Il faut ici, sur ces questions, et on le comprend à partir de la distinction d'avec la génitalité, repenser la perspective temporelle. En premier lieu, alors que ce que Freud propose est construit rétroactivement à partir des cures d'adultes, il faut exposer succinctement la théorie des stades du développement.

4.1 Les stades du développement

Au cours de l'évolution de l'enfant, il y a un abandon successif de certaines zones érogènes. C'est le parcours temporel, chronologique, le long de ces zones, cette succession qui a conduit Freud à l'idée des stades. Très justement, J. Laplanche et J.-B. Pontalis ont indiqué que Freud avait esquissé plusieurs lignes évolutrices : d'une part une succession concernant l'accès à l'objet libidinal — qui va de l'autoérotisme au choix homosexuel ou hétérosexuel, en passant par le narcissisme —, une autre pourrait aller du principe de plaisir à l'introduction du principe de réalité régulant ce dernier. Ferenczi développera cette perspective[17].

Cette idée de stades, de phases, de positions successives sera développée par des auteurs fort différents. Karl Abraham, pour sa part, développera et

17. J. Laplanche et J.-B. Pontalis, *Vocabulaire de la psychanalyse*, Paris, P.U.F., coll. «Bibliothèque de Psychanalyse», 1967, article : «Stade libidinal», p. 456.

introduira de nouvelles subdivisions dans les stades que Freud aura avancés[18]. Melanie Klein fera se succéder une position paranoïde-schizoïde, puis une position dépressive, pour rendre compte de l'évolution de l'enfant[19]. D'autres modalités de découpe temporelle seront proposées. Pour nous en tenir à la position freudienne, nous dirons quelques mots des stades prégénitaux.

Nous avons déjà souligné que Freud commence l'exposé de sa théorie des stades par une réflexion sur la période de latence. Cette latence témoignant de « l'instauration en deux temps du développement sexuel chez l'homme » est cohérente avec tout ce que Freud aura avancé concernant la théorie du trauma. Une phase de latence s'interpose. La sexualité infantile succombe au refoulement au cours de cette phase ; c'est là qu'apparaissent des phénomènes de désexualisation de l'objet, comme la sublimation. Le refoulement correspondant au déclin de l'Œdipe — au moins chez le garçon — explique l'amnésie recouvrant les premières années de la vie. Cette amnésie n'est pas fortuite, elle est fondamentale. Pour Freud, la période de latence prend place entre deux moments fondés biologiquement. Il y aurait une première poussée libidinale dans la petite enfance, puis une seconde lors de la puberté. Peu à peu Freud se dégagera de cette première hypothèse pour mettre l'accent sur le lien entre la phase de latence et l'Œdipe.

Il convient de rappeler que les stades du développement qui eurent une telle fortune dans toute une partie du mouvement analytique et même au-delà, n'apparaissent qu'en 1915 dans une édition nouvelle des *Trois essais sur la théorie sexuelle*. 1915 est aussi le début d'une refonte de la théorie analytique en même temps que la période où Freud écrit les articles de la *Métapsychologie*. Bien que les *Trois essais* aient été rédigés à partir de découvertes faites lors des analyses d'adultes, dans un temps d'après-coup, leur présentation s'appuie sur des observations faites sur les enfants et se déploie selon un mouvement psychogénétique.

Dans un premier temps donc, « l'activité sexuelle s'étaye tout d'abord sur une des fonctions servant à la conservation de la vie et ne s'en affranchit que plus tard[20] ». Il y a, au départ, un mixte de la fonction alimentaire

18. Voir *supra* p. 46.
19. Voir *supra* p. 50-52.
20. S. Freud, *Trois essais sur la théorie sexuelle*, *op. cit.*, p. 105.

et de la fonction sexuelle. C'est ensuite que «le besoin de répétition de la satisfaction sexuelle se sépare du besoin de nutrition». Ainsi la succion est un reliquat de la fonction de nutrition. Cette pulsion est donc pour Freud autoérotique, puisqu'elle se satisfait dans le corps propre de l'individu. Les lèvres, la cavité buccale «ont tenu le rôle d'une zone érogène».

Freud restreint aussitôt l'universalité de la proposition des stades : «Tous les enfants ne suçotent pas[21].» Mais il fait ici aussitôt référence à ce qui est probablement son point de départ, à savoir les manifestations de l'oralité dans la vie des adultes (adultes amateurs de baisers, buveurs, fumeurs ou, au contraire, vomisseurs, etc.).

Ces stades prégénitaux en fait sont peu repérables par l'observation directe. Freud le soulignera. Et dans l'analyse des adultes ils se manifestent comme des moments régressifs à partir de la menace de castration.

4.2 Les zones érogènes

Qu'est-ce qui fonde les zones érogènes ? D'une part, leur caractère rythmique, indique Freud. Mais la qualité sexuelle du plaisir reste énigmatique. De plus, si toute partie du corps peut manifester des propriétés érogènes, il y a pourtant des lieux électifs.

La notion de zones érogènes provient des zones hystérogènes de Charcot. Si le plaisir est recherché à travers des substituts apparemment inappropriés à ce qui a constitué la première satisfaction — par exemple le pouce dans le suçotement —, il a néanmoins fallu, pour que cette répétition soit nécessaire, «qu'une satisfaction ait été vécue auparavant[22]». Il y a eu nécessairement une première satisfaction réelle pour qu'ensuite, de façon hallucinatoire ou déplacée, une satisfaction ultérieure puisse être recherchée. La première fois a bel et bien eu lieu. Toute la question est la manière dont on peut la compter. Car, à la fois, elle n'est constituée qu'après-coup, à partir de la seconde, elle n'est comptée et comptable qu'à partir de l'hallucination, de la recherche qu'elle guide, mais elle n'est malgré tout pas une production imaginaire même si elle s'imagina-

21. *Id.*, p. 106.
22. *Id.* p., 109.

rise ensuite, elle est réelle. D'autre part, le besoin de répétition s'organise autour de zones du corps qui présentent la particularité de pouvoir perdre un objet. Ce qui fonde alors la jouissance possible en ce lieu, c'est précisément sa dimension d'orifice, de lieu du corps béant. En ce sens, on comprend que parmi les propriétés érogènes que pourrait revêtir toute partie du corps, certaines aient un privilège.

L'oralité, béance de la bouche séparée du sein, est également liée à la morsure et à la dévoration. De la même manière, à propos de l'analité — avec la perte des fèces se séparant du corps —, Freud souligne qu'on peut repérer la manifestation visible d'une jouissance, chez les enfants, lors des mouvements de rétention et d'exonération des selles. « Ce faisant, la sensation voluptueuse doit probablement surgir à côté de la douleur[23]. » Plaisir et douleur sont mêlés.

Ce parcours de la pulsion avec la succession des stades s'organise suivant une temporalité précise. Tout d'abord, c'est autour du tube digestif que se trouvent les premiers lieux. Le trajet suit, d'une certaine façon, ce qu'est le mouvement du nourrissage, qui va de la nutrition à l'exonération. Cette diachronie a pu être fondée ou expliquée pour certains par l'origine embryologique commune des orifices digestifs. Elle pose néanmoins la question du pourquoi de cette succession. Car, s'il y a un privilège des trous du corps, pourquoi celui-là avant celui-ci ?

D'autre part, dans le chapitre qu'il ajoute en 1915 où il précise la succession des stades, Freud désigne ces premiers temps sous le terme de prégénital. Cette nomination même pourrait apparaître comme une critique ou un obstacle à toute perspective psychogénétique. La découverte de Freud concernant les stades s'est faite dans l'après-coup des cures d'adultes, et il maintient une présentation qui les ordonne rétroactivement à partir de la fonction génitale : organisation *pré*génitale.

La première phase est donc la *phase orale* que Freud qualifie également de cannibalique. Le but sexuel réside dans « l'*incorporation* de l'objet, prototype de ce qui jouera plus tard en tant qu'*identification*, un rôle psychique si important[24] ». Le suçotement est un reliquat de « cette

23. *Id.*, p. 111.
24. *Id.*, p. 128.

phase fictive d'organisation qui nous est imposée par la pathologie». C'est une fiction nécessaire qu'impose la pratique de l'analyse. Ce statut ne lui retire aucune prétention à la vérité, mais elle est une reconstitution après-coup de l'effectuation de l'histoire de l'objet imaginaire comme témoignant du réel de l'objet.

Une deuxième phase succédant à celle-ci est nommée *sadique-anale.* C'est le temps de l'opposition entre actif et passif.

Enfin, le *choix d'objet génital* se fera, lui, en deux temps. Tout d'abord une première période entre 2 et 5 ans, puis la seconde à la puberté, séparées par la période de latence. On notera qu'au lien à ces objets : sein, fèces, prélevés ou échangés avec l'autre, succéderait une relation avec un autre total.

La question des stades a donné lieu à de nombreux débats. Nous citerons l'échange entre Françoise Dolto et Jacques Lacan en 1964, qui prend place à la fin d'une séance du Séminaire où Lacan a introduit, à propos de la répétition, les notions de *tuché* et d'*automaton*[25].

«F. Dolto : — *Je ne vois pas comment, pour décrire la formation de l'intelligence avant trois ou quatre ans, on se passerait des stades. Je pense que pour les fantasmes de défense et de voile de castration, de pair avec les menaces de mutilation, on a besoin de se référer aux stades.*

J. Lacan : — La description des stades, *formateurs de la libido*, ne doit pas être référée à une pseudomaturation naturelle, qui reste toujours opaque. Les stades s'organisent autour de l'angoisse de castration. Le fait copulatoire de l'introduction de la sexualité est traumatisant — voilà un accroc de taille — et il a une fonction organisatrice pour le développement.

L'angoisse de castration est comme un fil qui perfore toutes les étapes du développement. Elle oriente les relations qui sont antérieures à son apparition proprement dite — sevrage, discipline anale, etc. Elle cristallise chacun de ces moments dans une dialectique qui a pour centre une mauvaise rencontre. Si les stades sont consistants, c'est en fonction de la registration possible en terme de mauvaise rencontre.

La mauvaise rencontre centrale est au niveau du sexuel. Cela ne veut pas dire que les stades prennent une teinte sexuelle qui se diffuserait à

25. Voir *supra* p. 75.

partir de l'angoisse de castration. C'est au contraire parce que cette empathie ne se produit pas qu'on parle de trauma et de scène primitive.»

J. Lacan, «Les quatre concepts fondamentaux de la psychanalyse», *Le Séminaire Livre XI*, (1964), Paris, © Le Seuil, coll. «Le Champ freudien», 1973, p. 62.

4.3 Le complexe d'Œdipe et la question du père

Freud découvre en 1897 dans son «auto-analyse» le complexe d'Œdipe. Cette notion cruciale pour la psychanalyse sera réélaborée peu à peu au cours de l'avancée freudienne. Dans un premier temps d'ailleurs, Freud considérera l'Œdipe du garçon et celui de la fille comme symétriques, chacun ayant des sentiments tendres pour le parent de sexe opposé et des sentiments d'hostilité pour le parent du même sexe. Mais l'expérience conduit à noter tout d'abord que les sentiments tendres se doublent de sentiments hostiles et vice versa. Cette ambivalence est liée fondamentalement à la bisexualité. Ainsi le garçon éprouve aussi de l'amour pour le père, ce qui n'est pas sans lui poser problème puisque cela féminise sa position et le pose comme rival de la mère. Le complexe de castration constitue l'issue du complexe d'Œdipe pour le garçon. En effet, il est alors conduit à renoncer à son premier choix d'objet.

De plus, Freud en viendra à concevoir l'Œdipe de la fille comme différent et non pas inversement symétrique de celui du garçon. Chez le garçon comme chez la fille, le premier objet est la mère. Mais l'absence de pénis chez la mère fait que la fille va se tourner vers le père comme celui qui n'est pas sans l'avoir et qui peut le donner à elle qui en est dépourvue. Le père est porteur de la promesse d'un enfant, équivalent au phallus. Il y a, dès lors, une difficulté à concevoir une sortie de l'Œdipe pour la fille dans des conditions identiques à celles du garçon. Cette étape supplémentaire, découverte tardivement, introduira la notion de préœdipien et ouvrira la porte à de nombreux travaux chez les post-freudiens.

Au cœur de l'Œdipe, et comme point-pivot de son déroulement, se trouve la question du père. Cette question — qu'est-ce qu'un père ? — est sans doute l'une des questions majeures de toute l'entreprise freudienne. Elle parcourt de bout en bout toute l'œuvre, de la théorie de la séduction, mettant en cause les pères, en passant par le complexe d'Œdipe, *Totem et tabou*, jusqu'à *L'Homme Moïse et la Religion monothéiste*. Cette question centrale dans l'œuvre freudienne avait été quelque peu oubliée, les analystes s'étant employés plutôt à éclairer ces fameuses zones obscures préœdipiennes. C'est à Françoise Dolto dans sa pratique et à Jacques Lacan que l'on doit d'avoir redonné à cette question le statut central qu'elle avait dans l'œuvre freudienne[26].

4.4 Père symbolique, père imaginaire, père réel

Lacan va articuler les trois registres qu'il avance au début de son enseignement à la question du père. Père réel, père imaginaire et père symbolique sont les notions qu'il met en place.

Un père est toujours incertain. Autant le lien biologique qui relie la mère à l'enfant est évident, autant le père n'est fondé, lui, que dans les institutions, dans la culture. Lacan fait du père une fonction. Il a d'abord une fonction séparatrice : c'est par lui qu'est transmis l'interdit de l'inceste adressé à l'enfant et à la mère. Cette fonction permet que l'enfant ne soit pas complètement assujetti au champ maternel.

Freud isole une figure du père dans *Totem et tabou*. Ce livre que Freud affectionnait particulièrement, Lacan nous invite à le lire comme un mythe. Comme nous l'avons déjà évoqué, à l'origine de l'humanité, avant l'histoire, existerait une espèce de horde à demi animale, dirigée par un vieux mâle, un père qui jouit de toutes les femelles du groupe et en prive, par la force, les fils[27]. Ceux-ci, privés de jouissance, fomentent un complot pour tuer le père et s'approprier les femmes, à l'instar d'un bien à posséder et dont on cherche à jouir. Or, une fois le père tué, voilà que sa loi s'impose d'autant plus. En effet, à partir du moment où la voie vers ces femmes interdites est ouverte, rien ne peut empêcher que le massacre commencé avec le père se poursuive entre les frères. Car apparaît alors la rivalité fraternelle pour occuper cette place et pouvoir jouir de ces femmes devenues disponibles. Il y a alors une totémisation de la fonction du père une fois qu'il est

26. Voir S. Faladé, «Ce que Françoise Dolto m'a enseigné», in *L'Enfant et la Psychanalyse*, Paris, éd. Esquisses psychanalytiques, 1993, p. 557-561.
27. Voir *supra* p. 29.

mort, et ce père mort transmet la Loi d'une façon beaucoup plus radicale qu'il ne le faisait auparavant quand, vivant, il régnait par la force. L'histoire commence avec le meurtre du père, et ce père mort est fondateur d'un pacte. Lacan le situe comme *père symbolique.* Il est, dit Lacan, une donnée irréductible du signifiant, transcendant, il est à la limite celui qui pourrait dire les mots du dieu du monothéisme : « Je suis celui qui suis. »

L'enfant dès la naissance est aux prises avec cette énigme que constituent les allers et venues de la mère. Dans un deuxième temps, le père intervient comme celui qui peut donner la raison de ce qui jusque-là apparaissait comme pur caprice. Il est ce qui intéresse la mère, au delà de lui, l'enfant. Cette fonction, que Lacan nomme le *Nom-du-Père*[28], vient symboliser ce premier temps d'énigme. Il produit une signification qui est précisément le sens de la sexualité chez Freud, une signification phallique. Dès qu'on parle, ça a du sens sexuel, c'est-à-dire que ça relie au père d'une façon ou d'une autre. Le père mort est ainsi le gardien de la jouissance.

Pour l'enfant le père symbolique est déjà là. Il y a, dès le départ, une triangulation. Car dès la naissance, l'enfant est aux prises avec la question du père en tant qu'elle est déjà instaurée dans la culture, en tant qu'elle est présente dans le champ maternel puisque cet enfant, en naissant, s'inscrit dans la problématique de la mère par rapport à la question du phallus et donc dans son fantasme.

Quant au *père imaginaire,* c'est une figure idéale, une figure de maître. Il est souhaitable que le père de la réalité ne cherche pas à s'identifier avec cette figure-là. Le père idéal est celui qui peut conduire sur le chemin de la religion. Pour Lacan, l'issue est du côté du *père réel,* en tant qu'il a à voir avec la question de la jouissance et qu'on peut le repérer mythiquement du côté du père premier de la horde, mais aussi comme celui qui s'occupe du désir de la mère. Il est celui qui est en jeu dans la jouissance de celle-ci.

5. La pulsion

La pulsion n'est pas l'instinct. Freud avance cette notion en 1905 dans les *Trois essais*, en la situant comme un concept-limite entre le psychique et le

---

28. Voir *infra* p. 90.

somatique. Dans l'appareil psychique, la pulsion n'est que représentée. Il s'agit d'une poussée interne d'excitation. Dans un premier temps, Freud propose une première conception dualiste de la pulsion qui oppose les pulsions sexuelles et les pulsions du Moi. Ces dernières sont aussi dénommées pulsions d'autoconservation et concernent les fonctions vitales. Cette théorie des pulsions, dira Freud, est quelque chose comme notre mythologie.

L'excitation pulsionnelle vient de l'intérieur de l'organisme, elle est toujours une force constante. De cette excitation, il est impossible « d'en venir à bout par des actions de fuite[29] ». La pulsion se définit par un certain nombre de caractéristiques :

— La poussée : «le facteur moteur» qui fait que «toute pulsion est un morceau d'activité». Ainsi, « le caractère "poussant" est une propriété générale des pulsions et même l'essence de celles-ci[30] ».

— Le but : c'est toujours la satisfaction, à savoir la diminution de l'état d'excitation. Des voies diverses peuvent y conduire. Même si nous pouvons parler de pulsions «inhibées quant au but», il y a là néanmoins une satisfaction partielle.

— L'objet : c'est « ce en quoi ou par quoi la pulsion peut atteindre son but. Il est ce qu'il y a de plus variable dans la pulsion, il ne lui est pas originairement lié ». Ce peut être un objet étranger, une partie du corps propre, il peut être remplacé à volonté. Ceci, on le voit, est en contradiction avec la conception spontanée que l'on peut avoir de la sexualité. Lorsque objet et pulsion sont particulièrement liés, on parle alors de fixation.

— La source : elle est dans le corps, il s'agit d'un organe ou d'une partie du corps « dont l'excitation est représentée dans la vie psychique par la pulsion ».

Freud pose dans cet article de 1915 la question du destin des pulsions. Il en repère quatre :

— Le renversement dans le contraire : ainsi le retournement de l'actif au passif (les couples d'opposés sadisme-masochisme, voyeurisme-exhibitionnisme, etc.). Ce renversement concerne les buts.

29. S. Freud, «Pulsions et destins des pulsions» (1915*c*), trad. J. Laplanche et J.-B. Pontalis, in *Métapsychologie*, *op. cit.*, p. 15.
30. *Id.*, p. 18.

— Le retournement sur la personne propre : il s'agit là d'un changement d'objet. On peut ainsi considérer le masochisme par rapport au sadisme.
— Le refoulement.
— La sublimation : une modification du but, mais aussi de l'objet de la pulsion intervient dans ce processus. Une pulsion est désexualisée et détournée vers un but valorisé socialement (activités artistiques, scientifiques, etc.), mais elle n'est pas refoulée.

Ces quatre destins peuvent être considérés comme des modalités de défense contre les pulsions. Cet article est contemporain des avancées de Freud sur la question du narcissisme. Or, le narcissisme implique que le corps peut être investi comme un objet libidinal. Le premier dualisme pulsionnel est dès lors mis en défaut et Freud proposera une nouvelle opposition : celle des pulsions du moi et des pulsions d'objet. Mais celle-ci ne sera que provisoire.

En effet, avec l'élaboration de la deuxième topique, Freud en vient à un nouveau dualisme pulsionnel : celui qui oppose les pulsions de vie et les pulsions de mort. Les pulsions de mort, Freud en fait l'hypothèse sur la voie de ce que nous avons déjà évoqué concernant la répétition. Mais aussi comme conséquence de ce principe toujours réaffirmé, principe de constance qui est la tendance de l'appareil psychique, sur le plan économique, à revenir au niveau d'excitation le plus bas. C'est-à-dire une tendance au retour à l'inanimé, à l'inorganisé, à ce qui serait une mort originelle. C'est ce que Freud nomme alors principe de Nirvâna. On peut le comprendre dans la sorte de déchirement auquel est nécessairement en proie tout être humain. En effet, celui-ci doit, du fait de la sexualité et de son lien avec la mort, assurer sa survie propre, mais dans le même temps, il doit répondre aux exigences de l'espèce et assurer la survie de celle-ci parfois aux dépens de la sienne.

Lacan insistera sur ce que Freud a posé dès le départ, qu'il n'y a dans l'inconscient que des pulsions partielles. Le fait qu'il n'y ait que des pulsions partielles et l'idée de la contingence de l'objet indiquent bien à quel point la satisfaction obtenue n'est que momentanée et témoigne de ce que l'objet est toujours en quelque sorte inadéquat. Cet objet est toujours manqué et le désir du sujet est dans une impasse. Enfin signalons, sans le développer, qu'aux deux objets pulsionnels indiqués par Freud, le sein et le scybale (l'excrément), Lacan ajoutera le regard et la voix.

4

CLINIQUE ET PRATIQUE DE LA CURE ANALYTIQUE

1. NÉVROSE, PSYCHOSE ET PERVERSION

1.1 La notion de structure clinique

Ce n'est pas à proprement parler une notion freudienne. Freud fut pourtant soucieux de dégager une nosographie — il créera le concept de névrose obsessionnelle — qui ne se fonderait pas sur des regroupements de signes cliniques, mais sur les mécanismes à l'œuvre dans la formation des symptômes, dans le fonctionnement de l'appareil psychique et surtout par rapport au transfert. C'est à Lacan que l'on doit le terme de structure qu'il avance pour rendre compte de la notion de sujet en psychanalyse. Il s'agit d'un emprunt à la linguistique structurale de Ferdinand de Saussure, où l'organisation d'un certain nombre d'éléments importe moins par les éléments en tant que tels que par les relations qu'ils entretiennent les uns par rapport aux autres. On peut rappeler que pour Saussure, chaque élément de la langue ne vaut que dans sa relation avec les autres : dans la langue, il n'y a que des différences. Un mot n'a de valeur qu'en tant qu'il fait différence d'avec un autre, ce qui le conduit à mettre l'accent sur la langue comme système synchronique.

Freud établit l'universalité de l'Œdipe. Et l'Œdipe vaut aussi bien pour les névroses que pour les perversions. Néanmoins, la psychose ne répond pas exactement à cette conception de l'Œdipe, même si Freud avance, à propos du cas du président Schreber, que le complexe paternel y est central.

Au départ, dès la naissance, il y a donc déjà une triangulation, père, mère, enfant. Ces trois éléments, ce sont des signifiants. Il y a tout d'abord entre l'enfant et la mère un jeu de leurre où l'enfant peut penser être celui qui satisfait la mère. Mais très vite, il s'aperçoit qu'il y a un fauteur de trouble dans ce jeu-là. Il y a quelque chose qui intéresse la mère au-delà de lui. Cet objet, c'est le phallus, et le père n'est pas sans avoir cet objet. Mais dans ces premiers temps, l'enfant s'identifie au phallus imaginaire qu'il pense que la mère a. C'est précisément au moment où il saisit la mère comme en étant dépourvue, que la situation se modifie. C'est cela qui introduit le père comme étant celui qui n'est pas sans l'avoir et vers qui est orienté le désir de la mère. Ce mouvement est positif, car il permet à l'enfant de se déprendre d'une insertion totale à l'espace maternel. Si le père est celui qui a le phallus, l'enfant aura à accepter l'idée que la mère est au père et non pas à lui.

La métaphore paternelle

Ce qui est au cœur de la structure, c'est donc la fonction du père, comme nous l'avons indiqué dans l'Œdipe. Lacan avance la notion de métaphore paternelle, qu'il écrit ainsi[1] :

$$\frac{\text{Nom-du-Père}}{\text{Désir de la Mère}} \cdot \frac{\text{Désir de la Mère}}{\text{Signifié au Sujet}} \longrightarrow \text{Nom-du-Père}\left(\frac{\text{A}}{\text{Phallus}}\right)$$

La fonction paternelle opère comme une métaphore, c'est-à-dire par la substitution d'un signifiant à un autre signifiant. Au désir de la mère, désir obscur, voilé, qui se manifeste, par exemple, par les allées et venues apparemment capricieuses de la mère, est substitué le Nom-du-Père. L'effet de la métaphore paternelle, lorsqu'elle a opéré, est indiqué par la deuxième partie de la formule proposée par Lacan. Le Nom-du-Père apparaît hors de la parenthèse symbolique, mais en même temps comme ce qui la soutient. C'est un signifiant hors du lieu des signifiants qu'est le grand Autre, A. On peut le concevoir comme le tétragramme, ces lettres du nom de Dieu dont la prononciation est perdue.

En position de signifié se trouve le phallus, c'est-à-dire le fait qu'une fois que cette fonction a opéré, le sens est sexuel. La métaphore paternelle peut alors se concevoir comme le carrefour des structures cliniques. Si elle n'a pas opéré, c'est la psychose.

1. J. Lacan, « D'une question préliminaire à tout traitement possible de la psychose », in *Écrits*, *op. cit.*, p. 557.

Le petit Hans

Comment s'effectue la métaphore paternelle, comment se met en place et comment se déroule la crise œdipienne en tant qu'elle est le lieu crucial de la structuration du sujet ? La phobie témoigne d'une façon exemplaire de ce franchissement. Elle manifeste à la fois une défaillance, mais aussi l'instauration de la métaphore paternelle. Il faut entendre par phobie non seulement l'organisation d'une véritable névrose phobique, dont l'individuation est problématique, mais ces émergences phobiques qui scandent l'histoire de l'enfant.

Le cas du petit Hans, rapporté par Freud dans *Analyse d'une phobie chez un petit garçon de cinq ans,* ainsi que le commentaire qu'en propose Lacan, en fournit un exemple tout à fait probant. Hans est un petit garçon appartenant à l'entourage de Freud. Ses parents sont férus de psychanalyse, et cet enfant est élevé en référence à ces idées. C'est un enfant «observé», comme Freud l'avait suggéré à ses amis, observé pour répondre aux détracteurs de la psychanalyse en fournissant des arguments concernant l'existence de la sexualité infantile. Freud dira à propos de cette cure qu'elle ne lui a, sur le plan théorique, rien apporté de nouveau. Mais elle vérifie les hypothèses avancées à propos des cures d'adultes qui furent les expériences à partir desquelles il construisit sa théorie de l'infantile.

Hans est un petit garçon que sa mère aimait particulièrement. Elle l'emmenait partout avec elle, il assistait à sa toilette, partageait son lit lors de jeux matinaux malgré les réticences du père, etc. Mère et fils formaient un couple imaginaire.

L'article de Freud commence par une relation des observations effectuées par les parents avant l'éclosion de la phobie. Ainsi Hans pose un jour à sa mère cette question :

«Hans — Maman, as-tu aussi un fait-pipi ?

Maman — Bien entendu. Pourquoi [2] ?»

La réponse de la mère indique déjà une partie de la difficulté dans laquelle se trouve pris Hans. De même, on peut évoquer la menace de

---

2. S. Freud, «Analyse d'une phobie chez un petit garçon de cinq ans (le petit Hans)» (1909*b*), trad. M. Bonaparte, in *Cinq psychanalyses*, Paris, PUF, coll. «Bibliothèque de Psychanalyse», p. 95 ; *G.W.* VII.

castration que la mère profère alors qu'elle le surprend en train de se masturber.

Freud remarque à propos de cette observation que « la soif de la connaissance semble inséparable de la curiosité sexuelle[3] ».Un événement survient dans la vie de Hans quand il a trois ans et demi : la naissance de sa petite sœur Anna. La venue de la petite sœur déclenche chez lui de la jalousie. Il produit alors nombre de théories pour rendre compte de la procréation et interroge aussi la différence des sexes, c'est-à-dire l'absence de pénis chez elle. Il a presque cinq ans lorsqu'apparaît la phobie. Elle concerne électivement les chevaux : «*La peur d'être mordu dans la rue par un cheval*[4]».

C'est une cure singulière puisqu'elle sera menée par le père alors que la constellation familiale n'est pas pour rien dans la constitution de la phobie. Le père de Hans rapporte scrupuleusement le contenu des entretiens à Freud, ce que Hans sait. Lui-même ne verra Freud qu'une fois lors d'une rencontre tout à fait décisive dans le déroulement de ce traitement. Ce jour-là Freud lui dira : « Bien avant qu'il ne vînt au monde, j'avais déjà su qu'un petit Hans naîtrait un jour qui aimerait tellement sa mère qu'il serait par suite forcé d'avoir peur de son père, et je l'avais annoncé à son père[5]. » En sortant de chez Freud, Hans demandera à son père : « Le professeur parle-t-il avec le bon Dieu, pour qu'il puisse savoir tout ça d'avance ? » La phobie va se complexifier et s'améliorer. La peur de la morsure est aussi peur que le cheval ne tombe, et plus particulièrement lorsqu'il est attelé. C'est une phobie qui se développe sous le signe des moyens de transport. Mais à partir de l'intervention de Freud, Hans va produire toute une série de « mythes ».

Le manque d'objet

Lacan consacrera la quatrième année de son séminaire à la relation d'objet. Cette notion était, à cette époque, au cœur d'une certaine conception de la psychanalyse. Cette relation à l'objet devait s'achever par une adaptation du sujet à un objet de la maturité et avec lequel pourraient

3. *Id.*, p. 96.
4. *Id.*, p. 105.
5. *Id.*, p. 120.

s'installer des relations génitales satisfaisantes. Lacan insiste sur ce qui apparaît de façon centrale dans la théorie freudienne, c'est-à-dire la notion du *manque de l'objet* que nous avons déjà évoquée. De même, l'objet transitionnel de Winnicott, à savoir cet objet quelconque — peluche, bout de tissu — choisi par l'enfant à un certain moment de son histoire, a pour destin d'être perdu. C'est une première possession non-moi, dit Winnicott, mais qui n'est pas non plus tout à fait de l'autre, car elle se situe dans une zone intermédiaire entre le sujet et l'autre. Cet objet est en quelque sorte un objet commémoratif de la séparation d'avec l'Autre primordial. Il témoigne du fait que l'objet est manquant.

Or, une certaine tendance de la théorie analytique consiste à méconnaître le fait que l'objet premier, comme l'a toujours écrit Freud, est foncièrement perdu. Ce qui oriente la vie du sujet, c'est la quête d'une retrouvaille avec l'objet initialement perdu, et cette retrouvaille n'est possible qu'à travers un leurre, car l'objet retrouvé n'est en fait jamais l'objet perdu. Sa perte, comme nous l'avons souligné, est liée à la symbolisation et dès lors que la symbolisation a eu lieu, le sujet n'a plus que le symbolique, le langage pour partir à la recherche de cet objet perdu du fait même du langage. D'où la situation paradoxale dans laquelle cette quête l'engage. Pourtant, le sujet ne cessera de rencontrer des objets propres à leurrer sa recherche.

La psychanalyse introduit d'emblée le fait qu'entre la mère et l'enfant il y a dès le départ un troisième terme, un élément imaginaire qui a un rôle signifiant majeur : le phallus. Objet imaginaire, mais en tant qu'il est imaginaire, c'est l'indice d'un manque, place d'où peuvent venir toute une série d'objets qui prendront cette valeur.

Le complexe de castration

Ce que montre remarquablement l'analyse du petit Hans, c'est le mode de construction du complexe d'Œdipe, et le rôle central du complexe de castration.

Dans un premier temps, Hans interroge donc sa mère pour savoir si elle aussi est pourvue du phallus. C'est-à-dire qu'il fait du phallus le centre du désir de la mère. À partir de là, est instauré un jeu de leurre avec elle, il s'identifie aussi bien au phallus qui manque à la mère, qu'à la mère comme le portant. Il cherche ainsi à la combler, il est en quelque sorte la métonymie du phallus. C'est par exemple à ce niveau-là que se situe la relation du fétichiste à son objet.

Il faut insister sur l'importance des masturbations de Hans, car dans cette expérience du rapport à son propre pénis et les sensations qu'il a dû éprouver, ce pénis devient réel pour lui. Lacan soulignera beaucoup plus tardivement que cette dimension du pénis comme réel dans le corps est quelque chose qui témoigne du fait que la sexualité est «hétéro» et non «auto»; c'est aussi la signification de la séduction précoce découverte comme première fiction par Freud : la sexualité vient de l'Autre. Pour Hans, le fait que son pénis devient réel est ce qui fait apparaître l'angoisse. Et c'est cela qui introduit une discordance entre le jeu premier de leurre où il était engagé avec la mère, et l'apparition de son pénis réel. Cette discordance est source d'angoisse, discordance entre sa propre image et la réalité de son sexe qui lui paraît insuffisant d'une part à combler la mère, et d'autre part à justifier l'amour dont il est l'objet. L'issue est le risque de devenir complètement passif dans un jeu où il ne serait plus que la proie des significations de l'autre ; cette issue est le chemin du futur paranoïaque.

À ce point carrefour, première étape de la relation de l'enfant à la mère, il n'y a qu'une seule issue normative : c'est le complexe de castration. C'est au père de l'introduire en intervenant avec les interdits qu'il a à transmettre et qui ont comme fonction d'instituer un ordre, de transmettre une Loi qui est au cœur de la crise œdipienne. Mais le père de Hans est un père trop gentil qui, comme père réel, n'est pas tout à fait à la hauteur de la fonction qu'il a à soutenir. Ce père réel est relayé par celui qui occupera ici la fonction de père symbolique, à savoir Freud, qui lui énonce la crise œdipienne dans laquelle il est plongé. À cela Hans répond par une production de fantasmes et de mythes dont la fonction, dit Lacan, est de réorganiser l'imaginaire pour lui permettre le passage à l'Œdipe.

La phobie témoigne de ce passage. Elle introduit un ordre excessif, imaginarisé, mais elle organise le monde du sujet entre des lieux interdits, des lieux possibles, etc. Elle introduit cet ordre exorbitant et aberrant, moyennant l'installation d'un objet qui fait peur, aux avant-postes de l'angoisse. On remarquera que c'est moins l'objet phobique qui importe que le signifiant qui le supporte. Ce signifiant phobique est un véritable signifiant à tout faire qui vient, d'une certaine façon, suppléer un temps au Nom du Père. Les chevaux représentent tout aussi bien ce qui a à voir avec la mère, avec la crainte d'être dévoré — ils peuvent mordre — et la crainte que le père ne remplisse pas sa fonction, ne tienne pas le coup — la peur qu'il tombe. Il fait de cet objet, le cheval, une « figure héraldique, lourde d'implications signifiantes », pour reprendre le commentaire de Lacan. Il y a donc, dans le cas de Hans, tout d'abord, ce moment de jeu de leurre avec la mère ; puis c'est le pénis réel et son introduction corrélée à son insuffisance, signifiée par une intervention dépréciative de la mère concernant cet organe et enfin, la naissance de sa petite sœur. C'est ensuite que la phobie du cheval apparaît et se développe.

Le mouvement de la cure avec la dissolution de la phobie va faire passer Hans du côté de la mère à celui du père. En effet, malgré ce que celle-ci peut dire, Hans n'est pas sans savoir qu'elle est privée de pénis. Mais cette privation lui apparaît comme intolérable et c'est du côté du père qu'il cherche ce que le père peut donner, ce qu'il doit apporter, car le père est « celui qui n'est pas sans l'avoir ». Le franchissement de la crise œdipienne est possible grâce à l'identification au père. Il faut que Freud apporte l'Œdipe comme mythe des origines pour que cela puisse se produire. Ce mythe témoigne aussi de la carence du père de Hans, un père qui ne fait pas peur.

Ce qui se passe dans le complexe de castration n'est pas tant du côté de son imaginarisation, qui est plutôt inhibante pour le sujet, que de sa dimension symbolique où il faut, d'une certaine manière, que le pénis de l'enfant soit négativé. C'est cette négativation liée à la fonction du Nom-du-Père qui témoigne de la symbolisation du pénis. Cette symbolisation fait passer le phallus du rang d'objet imaginaire au rang de signifiant et permet la déprise pour l'enfant du champ maternel. Cette opération constitue à proprement parler un carrefour pour la structure, un point crucial quant à l'organisation névrotique, perverse ou psychotique ultérieure.

1.2 Névrose et perversion

Ces deux structures sont à référer à l'Œdipe, mais d'une façon sensiblement différente. Le découpage nosographique que propose Freud sera remanié. Mais il y aura toujours d'une certaine façon une distinction assez ferme entre psychose, névrose et perversion. Au départ Freud situe les névroses comme psychonévroses de défense liées à l'existence d'un conflit psychique. Ce conflit a sa source dans l'enfance et il est de nature sexuelle. Son origine est traumatique — Freud, dans un premier temps, l'a pensé lié à des scènes de séduction précoces, mais dans un deuxième temps, cette origine traumatique est conçue comme liée à l'apparition de la sexualité. Le déterminant dans cette sexualité est la façon dont le sujet a traversé la crise œdipienne. Si le sujet n'a pas dépassé le complexe d'Œdipe, les motions œdipiennes sont refoulées et du coup toujours actives.

Hystérie et névrose obsessionnelle

Ces deux catégories constituent les deux grandes classes de névroses, et Freud les opposait en repérant ce qui avait été vécu comme première relation sexualisée avec l'Autre. Dans l'hystérie, une relation insatisfaisante subie passivement, dans la névrose obsessionnelle, une relation trop satisfaisante vécue activement. Cette première opposition sera maintenue.

L'*hystérie* est connue depuis très longtemps. Pour Hippocrate, elle correspondait à des manifestations dues à une migration erratique de l'utérus à travers le corps. C'est seulement avec Charcot qu'elle prendra à proprement parler la dimension d'une entité nosographique. Ses manifestations symptomatiques sont extrêmement variées, car sa plasticité fait partie de ses caractéristiques et son expression n'est pas indépendante de la période historique ou du champ social et culturel dans lequel elle se déploie. Lacan en fera même un discours, au sens d'un lien social, qui relie le sujet à l'autre.

Les grandes crises hystériques, apparemment plus fréquentes à l'époque de Charcot qu'aujourd'hui, présentaient une série de signes corporels dits symptômes de conversion — contractures, paralysies, etc. —, tous types de troubles que produit une lésion organique mais dont l'expression ne correspond pas justement à ce que la connaissance du système nerveux laisse attendre. Des atteintes sensitives, des céphalées, etc. participent également du tableau clinique.

Freud a montré que ces symptômes sont des formations de compromis entre le désir inconscient et le refoulement. Il s'agit d'un conflit psychique qui se convertit et se figure dans le corps. La libido investie dans une représentation s'en détache du fait du refoulement et se manifeste sous la forme d'un symptôme corporel. À côté des expressions bruyantes de la névrose hystérique, les psychanalystes ont été conduits à parler de structure hystérique comme caractérisant un mode d'organisation subjective de relation à l'Autre, une structure qui ne coïncide pas nécessairement avec les signes psychiatriques de l'affection, eux-mêmes, comme nous l'avons dit, très variables. De même, le signe clinique ne permet pas d'épingler la structure. Il peut y avoir des traits hystériques dans d'autres organisations névrotiques.

Si l'on reprend la distinction que Freud avait établie concernant les deux types de névroses dans leur relation sexuelle traumatique à l'Autre, pour l'hystérique, la première relation à la mère a été insatisfaisante. Cette insatisfaction, bien que l'hystérique ait aussi tenté d'être désir du désir de la mère comme tout *infans,* l'a conduit à se détourner d'elle pour s'intéresser au père et au désir de celui-ci. Or, il se fait que le père de l'hystérique est situé comme impuissant. Ce qui ne veut pas dire qu'il l'est nécessairement, mais qu'il est ainsi repéré par l'enfant dans le désir de la mère. L'enjeu pour l'hystérique va être de soutenir le désir du père, et c'est ce qui va l'orienter. Soutenir le désir du père, c'est-à-dire refouler l'impuissance en tant que trait de ce père pour la mère. Pour ce faire, l'hystérique va s'identifier à l'objet du désir du père. D'où la question de l'hystérique portant sur son être, et en dernier ressort sur la question de la féminité : qu'est-ce qu'une femme pouvant soutenir le désir du père, et permettre de refouler l'impuissance dont celui-ci est marqué ?

Dora

Nous pouvons prendre l'exemple de la cure de Dora relatée par Freud[6]. Elle constitue la première des *Cinq psychanalyses* dont le texte parut en 1905, soit quatre ans après la fin du traitement. Il s'agit du premier grand récit de cas exposé après la naissance de la psychanalyse. Le texte s'ouvre par des réflexions sur le problème des « difficultés techniques de la communication du cas[7] » et sur l'évolution de la technique psychanalytique. Freud recevait Dora comme ses autres patients tous les jours et ne prenait pendant les

6. S. Freud, « Fragment d'une analyse d'hystérie (Dora) », (1905*e*), trad. M. Bonaparte et R. Loewenstein, in *Cinq psychanalyses,* Paris, PUF, coll. « Bibliothèque de psychanalyse », 1954 ; *G.W.*V.
7. *Id.,* p. 3.

séances aucune note. Il donne comme arguments la nécessité de ne pas éveiller la méfiance du malade, mais aussi l'inconvénient pour l'analyste d'écrire qui le gênerait «dans l'assimilation des matériaux à recueillir», ce qu'il précisera plus tard comme rendant difficile «l'attention flottante» qui doit être la position de l'analyste dans la cure. D'autre part, il ne s'agit plus, comme dans les *Études sur l'hystérie,* d'aborder les symptômes systématiquement les uns après les autres pour les résoudre, mais il convient de laisser «au malade lui-même le soin de choisir le thème du travail journalier» en prenant «pour point de départ la surface que son inconscient offre à son attention»[8]. La règle fondamentale est déjà le cadre de la cure.

Cette cure a été choisie par Freud en raison de la brièveté du traitement, ce qui rendait plus facile sa transcription, mais il y a lieu de souligner le courage qu'il a fallu pour publier le récit d'un traitement qui fut loin d'être un succès dans une période où les détracteurs de la psychanalyse étaient sans doute le plus grand nombre. Il y a sans doute beaucoup à apprendre de l'échec et c'est le cas ici, car le cas Dora déploie de façon très articulée la problématique de l'hystérie et les «erreurs techniques» de Freud mettent en évidence un aspect essentiel de l'analyse : le transfert et la position de l'analyste par rapport à celui-ci, ainsi que le statut de son savoir.

Dora est adressée à Freud par son père qui a lui-même consulté Freud quelques années auparavant. Cette circonstance ainsi que la demande du père que l'analyse remette sa fille «dans la bonne voie» placent l'analyste dans une position délicate, qui n'est sans doute pas sans rapport avec l'échec ultérieur.

«Petite hystérie» — Freud qualifie ainsi le cas avec «symptômes somatiques et psychiques des plus banals : dyspnée, toux nerveuse, aphonie, peut-être aussi migraine ; avec cela, dépression, humeur insociable hystérique, et dégoût probablement peu sincère de la vie[9]». Dora consulte à la demande de la famille dont elle dérange en fait l'équilibre particulier qui s'était installé jusque-là. Elle dénonce ce à quoi elle avait volontiers participé. Freud insiste sur la part prise par sa patiente dans la situation — en toute méconnaissance, bien sûr.

8. *Id.,* p. 5.
9. *Id.,* p. 14.

Le père de Dora est la personnalité dominante de cette famille, et il l'est aussi dans l'analyse de sa fille. Grand industriel, il a souffert depuis une dizaine d'années de plusieurs maladies : tuberculose, décollement de la rétine, confusion mentale peut-être liée à une syphilis.

Sa mère est décrite comme une femme obsessionnelle présentant toutes les caractéristiques de la «psychose de la ménagère», femme «peu instruite et surtout inintelligente». Son relatif effacement dans le récit du cas est assez remarquable. Dora a un frère, d'un an et demi plus âgé.

Nous retiendrons ici de cette observation qu'elle se présente comme un ballet à quatre termes — Dora, son père, Mr et Mme K… — qui met en scène l'impasse œdipienne dans laquelle la patiente est prise. La famille de Dora s'est liée d'amitié avec celle des K… Le père de Dora entretient avec Mme K... des relations d'amitié qui ne laissent pour la patiente aucun doute : ils sont amants. Mr K…, pour sa part, fait une cour assidue à Dora qui le laisse faire, au moins un temps.

À quoi correspondait cette situation pour que Dora la soutienne ainsi à son insu ? Et que s'est-il passé pour qu'elle en vienne à la dénoncer avec virulence, nourrissant d'innombrables reproches à l'égard de son père qui l'aurait utilisée ? Ces reproches, Freud nous invite à les entendre comme «doublés» d'autoreproches de même nature. En effet, la situation antérieure convenait à Dora. Les relations de Mme K… avec son père permettaient de refouler l'impuissance de celui-ci. Il était ainsi un homme puissant pour une femme, ce qu'il ne devait pas être pour la mère. En tenant sa place dans ce montage, Dora soutenait le désir défaillant de son père. Mr K... est nécessaire car il est celui qui, d'une certaine façon, garantit la féminité de Mme K… et partant la virilité du père. Mais voilà qu'il se fait plus pressant à diverses occasions, et, en particulier, lorsqu'il se déclare en lui disant «ma femme n'est rien pour moi». Dora le gifle.

On remarquera que cette phrase «ma femme n'est rien pour moi» revient à plusieurs reprises dans l'observation. Dans la bouche du père s'adressant à Freud, tout d'abord, ce que Dora aussi n'a pu manquer d'entendre ; dans celle de Mr K… courtisant la gouvernante de ses enfants, puis s'adressant à Dora.

Si elle n'est rien pour lui, alors l'édifice mis en place s'effondre. Mme K… est d'une grande importance pour Dora. Freud imputera l'échec de la cure à sa négligence de l'amour homosexuel de sa patiente pour Mme K... Avec Lacan, on peut préciser qu'il y a sans doute eu confusion entre l'objet d'amour — Mme K... — et celui de l'identification — Mr K... Or, Freud a cherché avec insistance à convaincre Dora qu'elle était en fait amoureuse de Mr K... L'hystérique «fait l'homme» et Dora s'était identifiée imaginairement à Mr K... pour adresser à Mme K... sa question : qu'est-ce qu'une femme ? On sait que c'est avec Mme K... qu'elle s'entretenait de questions touchant à la sexualité. Qu'est-ce qu'un homme aime en une femme, cette chose cachée, puisque celle-ci est dépourvue de ce qui est désirable, puisque le phallus imaginaire est manquant chez la femme ? Quel est ce «rien» qui est désirable ? Ce rien qui peut soutenir le désir du père.

Si Lacan a pu énoncer «il n'y a pas de rapport sexuel» comme étant le Réel en tant qu'impossible, au-delà de l'imaginaire complétude des organes génitaux masculins et féminins, pour l'hystérique ce n'est pas un problème d'impossible, de Réel, mais d'impuissance. Elle appelle de ses vœux, voire elle fomente un père tout-puissant qui puisse accomplir ce rapport.

La *névrose obsessionnelle* a été isolée par Freud. Il a proposé ce terme dans un article écrit en français, en 1895, «Obsessions et phobies», et traduit ainsi le terme de *Zwangsneurose* qui veut dire littéralement névrose de contrainte. Les patients sont en proie à des pensées obsédantes qui s'imposent à eux, pensées contre lesquelles ils luttent. Ce sont des «penseurs» occupés par un doute permanent que rien ne vient arrêter et qui manifeste le conflit psychique dans lequel ils sont pris. Ils ont conscience de leurs troubles et c'est entre autres ce qui les distingue d'un délire. On trouve d'autres signes cliniques comme des phénomènes de ritualisation parfois très importants, et des actes de type compulsif que le sujet ne peut pas ne pas accomplir. À la différence de l'hystérie, il n'y a pas de conversion somatique, c'est un trouble purement mental, une maladie de la pensée (scrupulosité, rumination mentale, inhibition, etc.). Les mécanismes de défense en jeu dans la névrose obsessionnelle sont quelque peu différents de ceux de l'hystérie : avant tout le déplacement, l'affect est alors rattaché à des représentations éloignées de la représentation originelle. On mentionnera aussi l'annulation rétroactive et l'isolation. En termes de fixation, s'il faut relier ces entités névrotiques aux stades du développement, alors que l'hystérie serait à référer au stade phallique — en fait, également oral —, la névrose obsessionnelle serait une fixation au stade anal.

Pour l'obsessionnel, au contraire de l'hystérie, cette première relation à la mère a été vécue avec un trop-plein de satisfaction. Pour autant, la mère de l'obsessionnel ne vit pas cet enfant comme celui qui pourrait la satisfaire. Elle lui fait savoir, comme au père d'ailleurs, qu'elle est occupée par autre chose : généralement c'est un autre homme, idéalisé, une relation le plus souvent platonique, un homme de bien par exemple (médecin, prêtre, etc.). Cet autre amour qui occupe la mère, et qui est absent, va conduire l'obsessionnel à tenter sans arrêt de venir occuper cette place. Cette place est celle du phallus imaginaire. Ce n'est donc pas avec le père qu'il rivalise, mais avec le phallus imaginaire auquel il tente de s'égaler sous le regard maternel. En même temps, la crainte de la rétorsion et la place conséquente de la culpabilité fait qu'il va maintenir en permanence son désir comme impossible[10].

Perversions

L'objet pour le pervers est un objet inanimé. C'est exemplairement, dans le fétichisme, le soulier, les sous-vêtements, etc. Ainsi, la cure du petit Hans montre que la phobie est un carrefour qui aurait pu le conduire à la perversion. En effet, celui-ci à un moment donné s'intéresse d'une façon particulière aux culottes de sa mère. Pourquoi les culottes ? Cet objet, comme celui choisi par le fétichiste, est un objet imaginaire auquel est arrimée la jouissance, car le pervers désavoue la castration maternelle puisque, à la fois, il la sait, et en même temps l'objet est là précisément pour la démentir. L'objet est d'ailleurs élu comme un arrêt sur image, au temps juste antérieur au dévoilement de l'absence de pénis chez la mère. Il peut ainsi maintenir d'une certaine manière le fait qu'à la fois il sait que la mère n'a pas l'objet qu'elle désire, et en même temps qu'elle l'a.

10. Voir S. Faladé, « Repères structurels des névroses, psychoses et perversions », in *Esquisses psychanalytiques*, n° 7, printemps 1987.

Il s'agit ainsi de soutenir l'image de la mère phallique. Et le pervers est ce phallus. Il s'est pensé l'objet du désir de la mère. Et s'il n'est pas sans savoir la Loi, il ne peut pourtant que la transgresser. Car le père n'a pas pu faire la loi à la mère et l'enfant n'a pas pu être éjecté de la place première où il est identifié au phallus, ce qui suppose aussi la reconnaissance du fait que la mère est privée. On saisit bien ici la nécessité du symbolique pour que simplement soit accessible la dimension du manque.

1.3 Les psychoses

Dans la psychose précisément, la crise œdipienne n'a pas eu lieu, la métaphore paternelle n'a pas opéré. Il y a, pour reprendre le mot de Lacan, forclusion du Nom-du-Père. Le Nom-du-Père ne s'est pas inscrit et en ce lieu il y a un trou. La psychose alors se déclenchera lorsque le sujet sera sommé de prendre appui sur ce Nom-du-Père et ne trouvera pas de répondant. À cet endroit c'est une béance dans le signifiant qui répond, et le sujet devra construire un délire dont Freud remarquait qu'il était une amorce ou une recherche de solution de la psychose, et pour lequel Lacan avancera qu'il est une tentative de produire une métaphore, délirante certes, à la place de la métaphore paternelle qui n'est pas advenue. De ne pouvoir accéder à un monde où le sens phallique est donné par l'effet de la métaphore paternelle, le sujet aura alors comme tâche de reconstruire avec le délire un monde sensé où il puisse habiter. Corrélativement, se produit une régression topique au stade du miroir. En effet, la libido s'est retournée entièrement sur le corps propre. La forclusion du Nom-du-Père est un échec du refoulement originaire. En raison de cet échec, la coupure symbolique, qui fait que dans la pensée le sujet peut s'adresser à lui-même à la deuxième personne du singulier, devient réelle dans la psychose et se manifeste dans l'hallucination acoustico-verbale. Il y a échec de la symbolisation et ce qui est rejeté du symbolique reparaît dans le réel. D'autre part, du fait de l'échec de cette symbolisation, le sujet est tout entier pris dans le jeu spéculaire. C'est pour cela que Freud pourra repérer dans un premier temps la psychose comme liée à l'homosexualité, à l'autre semblable, mais l'homosexualité délirante de la psychose est d'un autre ordre que l'homosexualité névrotique ou perverse.

2. Quelques remarques sur la pratique

2.1 Le dispositif et la règle fondamentale

Le dispositif de la cure — l'analysant allongé sur un divan et l'analyste assis de façon à ce qu'il ne puisse être vu — est déjà une rupture avec le dialogue social habituel, mais il est loin de constituer une condition absolue du traitement analytique. De la même manière, la rigidification formelle de l'organisation de la cure, nombre et durée des séances, etc., est impropre à rendre compte de ce qui se passe dans une analyse ou à figurer les conditions de l'expérience.

Le dispositif est pour partie un reliquat de la pratique antérieure de Freud. La méthode analytique telle qu'elle s'est dégagée peu à peu, au fur et à mesure de l'avancée freudienne, est due en grande partie à ses patients et au crédit qu'il leur fit. Ce sont eux qui l'ont enseigné et qui, d'une certaine manière, ont mis peu à peu en place le cadre de la cure tel que nous pouvons le connaître aujourd'hui. Mais si celui-ci tend à se figer en rituel, il ne fait que démontrer sa face de résistance.

Freud aura écrit peu d'articles sur la technique. Il commence ainsi les *Conseils au médecin sur le traitement analytique* : «C'est à une longue pratique que je dois les règles techniques exposées ici. Elles m'ont été enseignées à mes propres dépens en employant d'autres méthodes.» Il ajoute : «J'espère qu'en s'y conformant, les praticiens éviteront bien des efforts inutiles ainsi que certaines omissions, mais je n'hésite pas à ajouter que cette technique est la seule qui me convienne personnellement. Peut-être un autre médecin, d'un tempérament tout à fait différent du mien, peut-il être amené à adopter, à l'égard de malades et de la tâche à réaliser, une attitude différente. C'est ce que je n'oserai contester[11].»

En quoi consiste alors la technique psychanalytique ? Est-il même justifié de parler de technique ? Lacan avancera que la psychanalyse est une éthique et ne peut se définir par des règles techniques. Freud dit-il autre chose quand

11. S. Freud, «Conseils aux médecins sur le traitement psychanalytique» (1912*e*), in *La Technique psychanalytique*, trad. A. Berman, Paris, P.U.F., coll. «Bibliothèque de psychanalyse», 1970, p. 61; *G.W.* VIII ; OCF.*P.* XI.

il souligne que toutes les règles de la technique analytique «peuvent se ramener à une seule» ? Cette règle est la règle fondamentale qui impose à celui qui s'engage dans une analyse de ne rien omettre de ce qui lui vient à l'esprit et de renoncer à toute critique. Voici comment Freud la formule à l'un de ses patients : «Dire tout ce qui lui vient à l'esprit, même si cela lui est pénible, même si sa pensée lui paraît *sans importance*, *insensée* et *sans rapport* avec le sujet[12].» Cette méthode a été initiée, dans l'histoire de la psychanalyse, par une patiente, Emmy von N., en 1892. Il s'agit donc de dire tout ce qui vient ; c'est la méthode de la libre association. Cette règle subvertit, tout aussi bien sinon mieux que le dispositif, ce qui pourrait rapprocher la situation analytique du dialogue au sens habituel du terme. Elle instaure un champ discursif engageant un processus qui permettra qu'un sujet puisse advenir à la parole.

La règle fondamentale a un corollaire du côté de l'analyste. Pour lui, c'est l'attention flottante qui est la disposition dans laquelle il a à se trouver : pour «éviter de laisser s'exercer sur sa faculté d'observation quelqu'influence que ce soit et se fier entièrement à sa "mémoire inconsciente", en langage technique simple, écouter sans se préoccuper de savoir si l'on va retenir quelque chose[13]». L'analyste doit fonctionner sans idées préconçues, afin de pouvoir se laisser surprendre, d'être dans la position d'accueil maximal, de disponibilité la plus totale à la parole de l'analysant. Mais l'attention flottante pour être possible implique que le médecin «doit s'être soumis à une purification psychanalytique[14]». L'analyse de l'analyste apparaît comme la seconde règle fondamentale de l'analyse, selon le mot de Ferenczi. L'analyse aura alors produit ce désir inédit qu'est le désir de l'analyste, terme avancé par Lacan. Nous saisissons bien qu'il ne s'agit pas là de deux règles fondamentales différentes, mais plutôt le *recto* et le *verso* d'une seule et même règle fondamentale, car il va de soi que l'analysant ne pourra pas tout dire si l'analyste ne peut pas tout entendre. Cette place du désir de l'analyste indique bien que toute cette relation ne prend sens et ne peut s'effectuer que dans le transfert.

---

12. S. Freud, «Remarques sur un cas de névrose obsessionnelle (l'Homme aux rats)» (1909*d*), trad. M. Bonaparte et R. Loewenstein, in *Cinq psychanalyses*, Paris, PUF, coll. «Bibliothèque de psychanalyse», 1970, p. 202; *G.W.* VII.
13. S. Freud, «Conseils aux médecins sur le traitement analytique», *op. cit.*, pp. 62-63.
14. *Id.*, p. 67.

C'est une recommandation de Freud que l'analyste n'engage une nouvelle analyse que débarrassé de tous ses préjugés. Il doit commencer chaque cure comme si c'était la première, il s'engage dans l'analyse avec quelque chose qui est de l'ordre du non-savoir. Par exemple, cette remarque que Freud fait dans le cas du petit Hans : «Le père de Hans pose trop de questions et pousse son investigation d'après des idées préconçues, au lieu de laisser le petit garçon exprimer ses propres pensées. C'est pourquoi l'analyse devient obscure et incertaine. Hans suit son propre chemin et n'arrive à rien quand on veut l'en détourner[15].» En ce sens, il ne s'agit pas de la mise en œuvre d'un savoir constitué auquel il s'agirait d'initier le patient, mais de réinventer dans chaque cure la psychanalyse.

2.2 Le traitement

Au cœur du traitement est donc le transfert analytique en tant qu'il est provoqué par le désir de l'analyste. Nous avons souligné plus haut les paradoxes du transfert, résistance et moteur de la cure. Mais aussi, tout à la fois ce qui permet la remémoration et ce qui est en jeu dans la répétition. Cette répétition dans le transfert est aussi ce qui sera à analyser. Le mouvement d'une analyse ne va pas sans résistance. Freud a souligné comment la résistance augmentait lorsque l'on s'approchait du noyau pathogène. Il a pu en faire lui-même l'expérience, comme nous l'avons rappelé. Il n'y a pas d'analyse sans résistances et ceci peut se concevoir précisément si l'on songe à la nécessité qui a présidé pour chacun à la constitution de l'inconscient.

La régression

Le mouvement de la cure oriente celle-ci dans la voie de la régression. On aurait tort de ne voir dans cette expression que la signification psychogénétique qu'elle a massivement prise dans la psychanalyse contemporaine. En fait, Freud distinguait plusieurs types de régressions : la *régression topique* qui se réfère à l'organisation des instances de l'appareil psychique ; la *régression formelle,* par exemple le passage du processus secondaire au processus

15. S. Freud, «Analyse d'une phobie d'un petit garçon de cinq ans (le petit Hans)», *op. cit.*, p. 137.

primaire ; enfin la *régression temporelle* où le sujet ferait retour à des modes plus archaïques de fonctionnement. Ces trois régressions sont en fait combinées le plus souvent. Ainsi s'expliquent certaines manifestations psychopathologiques. Mais la régression est aussi le mouvement même de la cure, puisqu'il s'agit en quelque sorte de revenir au point où s'est noué ce qui aura ultérieurement motivé la souffrance du sujet et produit ses symptômes.

Il faut bien évidemment se déprendre d'une idée strictement chronologique, encore que l'on peut penser que l'orientation de la cure est effectivement celle qui va de l'avenir vers le passé, comme a pu le dire Lacan, si l'on considère cet aspect du travail qui consiste en une réhistorisation du passé. De l'avenir vers le passé en ce sens aussi que la psychanalyse bouleverse la notion spontanée que nous avons de la temporalité. Ainsi la quête de l'objet qui oriente le sujet dans l'avenir et qui constitue son projet est la recherche de quelque chose de perdu dans le passé. Winnicott indiquait ainsi que les patients qui viennent à l'analyse avec la peur d'un effondrement ne savent pas qu'en fait cet effondrement a déjà eu lieu. La régression n'est pas une régression dans la réalité, ce qui fait retour ce sont des signifiants du temps passé, ceux des périodes les plus archaïques de l'histoire du sujet.

L'interprétation

L'analysant qui s'adresse à un analyste lui suppose un savoir sur son symptôme. C'est dire que même si l'analyste se tait, il est d'emblée posé comme celui qui interprète. Mais quel est le statut effectif de l'interprétation ? Le prototype de celle-ci peut être fourni par le rêve. Il s'agit alors de faire apparaître le contenu latent derrière le contenu manifeste. Néanmoins, pas de clef des songes, pas de savoir constitué sur les symboles du rêve. Ce qui fournit la possibilité d'interpréter, ce sont les associations de l'analysant quant au récit de son rêve. L'interprétation a pour effet de faire surgir un autre sens. Or, ce nouveau sens n'émerge pas des profondeurs, il est déjà là, dans la langue, et tient à la polysémie propre à celle-ci. On se souviendra par exemple du rêve de la monographie botanique développé par Freud dans *L'Interprétation des rêves*, que nous avons exposé plus haut.

Pour autant, l'analyste n'est pas maître du sens. Il ne s'agit pas de fournir des explications pédagogiques, d'imposer un sens à l'analysant, mais plutôt de faire surgir la possibilité d'un nouveau sens en jouant de l'équivoque propre au signifiant. L'interprétation ne résume pas toute la tâche de l'analyste dans le traitement, ni toutes les modalités de ses interventions. Son silence en lui-même est un acte puisqu'il ne répond pas à la demande au sens usuel du dialogue.

Les indications de Lacan ne font que reformuler ce que Freud ne cesse de dire à propos de l'analyse : à savoir que l'analyste n'est pas un directeur de conscience, qu'il ne s'agit surtout pas pour lui de diriger la vie de son patient, mais que sa tâche consiste à diriger la cure, c'est-à-dire à l'ordonner en fonction de sa visée, lui donner son orientation. Lacan introduira à ce propos la notion d'acte analytique. Cet acte analytique renvoie à l'interprétation, mais ne se résume pas à elle. Il est acte car il fait coupure dans le discours du sujet, il en redistribue différemment l'énoncé et, par là, vise à en expliciter l'ordonnancement réel. C'est-à-dire qu'il ouvre la possibilité pour le sujet d'articuler, et de reconnaître ce qu'il vient de dire sans savoir qu'il le disait.

Mais l'acte analytique, c'est aussi plus généralement l'acte que fait l'analyste à l'orée de la cure et qui introduit une bascule inaugurale qui ne coïncide pas nécessairement avec le début des entretiens. Acte qui consiste à poser l'inconscient au moyen, par exemple, mais pas uniquement, d'une première interprétation. Cette bascule du discours est fondamentale, car elle inaugure une autre parole et permettra un remaniement de la position subjective de celui qui a engagé l'expérience. Ici se situe la responsabilité de l'analyste en tant qu'il est « celui à qui est confiée l'opération d'une conversion éthique radicale, celle qui introduit le sujet à l'ordre du désir[16] ».

3. La formation du psychanalyste

3.1 L'« auto-analyse » de Freud

Les travaux de Didier Anzieu, d'Octave Mannoni et maintenant d'Erik Porge ont permis de mieux situer ce que la tradition analytique, et Freud lui-même, ont appelé son « auto-analyse ». Auto-analyse dont Freud lui-même disait

16. J. Lacan, *Les Problèmes cruciaux de la psychanalyse*, Le Séminaire, Livre XII, Séance du 5 mai 1965, inédit.

qu'elle n'était possible que s'il s'analysait comme un autre, ce qu'il fit en empruntant la voie du rêve. Cette formule dit assez bien la dimension problématique du terme même d'auto-analyse. Erik Porge a fait valoir la façon dont cette idée d'une auto-analyse de Freud a pu fonctionner comme un mythe originaire propre à justifier des standards de formation qui ne se mettront en place que beaucoup plus tard. Ce qui fait qu'autour de ce problème de l'auto-analyse se pose une double question : en critiquant la notion d'auto-analyse, il ne paraît pas possible pourtant de soutenir que Freud n'aurait pas fait d'analyse. Mais alors, que fut l'analyse de Freud ? Et comment la penser comme une origine ou que peut-on penser à l'origine de la psychanalyse ?

Freud aurait-il été le seul à pouvoir s'analyser seul ? Ce qui serait tout de même étonnant, puisque la psychanalyse démontre l'impasse de l'introspection : la présence de l'analyste dans la cure est un élément fondamental et incontournable. Octave Mannoni avait proposé de considérer la relation avec Fließ comme constituant l'analyse originelle. Les travaux récents d'Erik Porge reprennent cette idée en la reproblématisant. Promouvoir Fließ comme analyste de Freud, soutenu par l'illusion que donne l'édition d'une correspondance où Fließ est étrangement silencieux puisque ses lettres ont disparu, conduit à poser avec Erik Porge la question : « Comment concilier la notion d'auto-analyse et celle d'"analyse" dirigée par un psychanalyste ? Si Fließ a été le psychanalyste de Freud, cela signifie-t-il que quiconque puisse faire une analyse avec un paranoïaque non analysé ?[17] » Pour que ce paradoxe puisse être levé, il aura fallu exhumer Fließ du silence dans lequel il était tombé. Silence d'autant plus singulier que les événements concernant l'histoire de la psychanalyse et les personnes qui ont entouré Freud dans les premiers temps ont fait l'objet d'innombrables travaux. Le silence auquel était voué Fließ par l'édition de la correspondance était redoublé par le silence fait sur ses travaux et sa propre histoire. « Freud n'a pas fait d'auto-analyse ; il a cependant effectué une psychanalyse "personnelle", avec Fließ *et* quelques autres, notamment ses patients et patientes, mais l'acte n'en a pris effet que dans l'après-coup de son devenir-analyste. Dans

17. E. Porge, *Vol d'idées ? Wilhelm Fließ, son plagiat et Freud*, suivi de *Pour ma propre cause, de Wilhelm Fließ*, Paris, Denoël, coll. « L'Espace analytique », 1994, p. 225-226.

le devenir-analyste de Freud, Fließ a joué un rôle essentiel par la mise en jeu effective du sujet-supposé-savoir comme ligne de partage entre la congruence du savoir et de la vérité et un “savoir sur la vérité diminué du savoir” », écrit Erik Porge en citant Lacan.

Le sujet-supposé-savoir est un constituant ternaire de la relation analytique, en ce sens qu'on ne peut rigoureusement identifier cette place à aucune de celles des deux protagonistes de la situation analytique. La paranoïa de Fließ est un délire du savoir, un système qui peut tout expliquer, « elle représente l'envers paranoïaque du sujet-supposé-savoir, l'hypertrophie monstrueuse et caricaturale d'un sujet se conjuguant à la complétude du savoir[18] ». C'est là que le délire de Fließ a été nécessaire à Freud. C'est en allant jusqu'à ce point délirant posé à l'envers du sujet-supposé-savoir que Freud a pu découvrir l'inconscient et « réussir là où le paranoïaque échoue ». Et Porge indique ici en quoi la psychanalyse et la paranoïa ont d'une certaine façon partie liée. La paranoïa de Fließ, c'est « la conviction [...] d'avoir complètement réussi une opération scientifique. La psychanalyse réussit comme acte manqué d'une pensée scientifique totalisante[19] ».

L'origine ne peut se situer que dans un après-coup, et l'on peut ici citer le commentaire que Lacan fait à propos de l'article d'Octave Mannoni « L'analyse originelle » dans sa Proposition d'octobre 1967 et rappelé par Erik Porge : « Le titre prête à la remarque que la vraie originelle ne peut être que la seconde, de constituer la répétition qui de la première fait un acte, car c'est elle qui introduit l'après-coup propre au temps logique, qui se marque de ce que le psychanalysant est passé au psychanalyste. (Je veux dire Freud lui-même qui sanctionne là de n'avoir pas fait une auto-analyse.) » La psychanalyse n'est donc pas le produit d'un quelconque autoengendrement.

3.2 La formation du psychanalyste en question

Les premiers élèves de Freud ne firent pas, pour la plupart, d'analyse au sens formel du terme. Néanmoins, témoignages et documents montrent à l'évidence qu'il y avait de l'analyse autour de l'enseignement de Freud. Que

18. *Id.*, p. 238.
19. *Id.*, p. 239.

ce soit dans ses cours à l'Université ou dans les réunions qu'il tenait chez lui, ceux qui y participaient apportaient des éléments de la clinique de leur propre cas ou de celle de leurs patients. À travers l'exemple propre de leurs rêves, de leurs fantaisies, c'est leur question, soutenue par la psychanalyse, qu'ils poursuivaient. La nouveauté, l'effet de surprise de l'avancée théorique de Freud elle-même étaient les éléments d'un processus analytique engagé.

Peu à peu, les analystes vinrent faire une analyse avec Freud. Ces analyses étaient mêlées de discussions théoriques voire même de conseils sur la clinique que l'analyste débutant pratiquait. En 1910, l'Association psychanalytique internationale est fondée lors du deuxième congrès de psychanalyse à Nuremberg (International Psychoanalytical Association, IPA). Lors de ce congrès, Freud recommande fortement à l'analyste de se soumettre à une analyse personnelle. Cette invitation n'est pas encore une règle, mais d'ores et déjà il est clair que l'analyse personnelle de l'analyste, qu'on la qualifie d'analyse didactique ou non, devient l'élément central de la formation du psychanalyste. Cette formation sera standardisée à l'Institut de Berlin, créé en 1920, qui, peu après, organisera de façon réglée la formation de l'analyste. Ce pas, comme a pu le remarquer S. Bernfeld, cette organisation de la formation et de la sélection est contemporain de la découverte du cancer de Freud : il s'agit donc d'assurer la suite. Mais cette décision elle-même est éminemment problématique. Déjà l'année précédente, en 1922, lors d'un congrès de l'Association psychanalytique internationale, l'analyse didactique devient obligatoire pour quiconque voudra pratiquer la psychanalyse. Mais ce que propose l'Institut de Berlin, et qui deviendra le modèle de tous les instituts de formation de l'IPA, c'est que toutes les étapes, y compris même la décision d'entreprendre une analyse didactique, seront soumises à l'appréciation d'une commission.

La question de la formation sera particulièrement réinterrogée par Lacan et le mouvement psychanalytique français. Aujourd'hui même au sein de l'IPA, les modalités de la formation ne sont plus aussi uniformes dans toutes les associations qui lui sont affiliées.

Le contrôle

L'Institut psychanalytique de Berlin édictera également l'exigence des cures contrôlées. Cette pratique qui consiste pour un analyste à aller parler d'une cure à un autre analyste plus expérimenté, a en fait existé très tôt d'une façon informelle. Elle n'était pas nécessairement dissociable de ce qui pouvait tenir lieu de didactique pour un analyste. Mais le terme de contrôle vient du fait que s'il s'agissait de former à travers l'expérience du traitement un jeune analyste à qui l'on avait confié un patient dans le cadre de l'Institut, jeune analyste déjà suffisamment avancé sur le plan de son analyse personnelle et sur celui du travail théorique, il fallait avant tout contrôler ces cures effectuées par des débutants, c'est-à-dire protéger le patient par le contrôle que l'analyste chevronné exerçait sur le traitement. Les analystes contrôleurs avaient d'ailleurs le pouvoir de retirer le patient à l'étudiant en formation si cela s'avérait nécessaire. Ce statut du contrôle, son lien à l'analyse et à l'exigence institutionnelle, sera diversement repris comme en témoignent les multiples dénominations qu'a reçues cette pratique : contrôle, supervision, analyse de contrôle, superaudition, analyse quatrième, etc.

La formation de l'analyste repose donc sur un trépied : analyse didactique ou analyse personnelle, contrôle, institution — c'est-à-dire enseignement théorique et lien à une communauté. Ce qui n'est pas sans poser un «dilemme insoluble» : «d'un côté, la psychanalyse semble rebelle à l'institutionnalisation, d'un autre côté, comme le devenir psychanalyste est une affaire qui appelle le concours de plusieurs, sans institutionnalisation il n'y a pas d'analyste, partant, pas de psychanalyse non plus[20]». Or, comme le souligne également Safouan, la formation du psychanalyste est particulière et se distingue de toute formation professionnelle, en ceci qu'elle «n'a rien à faire avec la reproduction d'un modèle», ni avec «la transmission d'un savoir-faire[21]».

L'analyse de l'analyste et la question de la fin de l'analyse

Si l'analyse de l'analyste est la pièce centrale de cette formation, que doit-on en attendre, et cette question est-elle dissociable de la question de la fin de l'analyse ? Freud pour sa part préconisait une analyse didactique brève qui devait produire une conviction quant à l'existence de l'inconscient d'une façon telle qu'aucun enseignement théorique ne pourrait l'y conduire

20. M. Safouan, *Jacques Lacan et la Question de la formation des analystes*, Paris, Le Seuil, 1983, p. 43.
21. *Id.*, p. 10.

et que seule l'expérience peut donner. À partir de là, d'autres «tranches» d'analyse sont possibles, voire même souhaitées, pour l'analyste. Cette ambition modeste indique en même temps le type de rapport à l'analyse qui se produit pour celui qui devient analyste, puisqu'il s'engage dans quelque chose qui ne se terminera pas avec la fin de sa propre analyse.

Par contre, Ferenczi, pour qui l'analyse didactique était la seconde règle fondamentale de la psychanalyse — et nous avons souligné comment l'attention flottante n'est possible qu'à partir de l'analyse de l'analyste —, Ferenczi pensait que cette analyse de l'analyste doit être la plus complète et la plus poussée possible. Il soulignait déjà ce qui deviendra la position la plus répandue dans le mouvement analytique, à savoir qu'il n'y a pas, selon lui, de distinction fondée entre analyse thérapeutique et analyse didactique. C'est d'ailleurs au sein de l'Institut de Berlin que le premier didacticien d'importance, Hans Sachs, éliminera des analyses à visée didactique qu'il entreprendra, l'aspect d'enseignement théorique et la dimension de contrôle qui faisaient partie des premières modalités de ce travail.

La question de la fin de l'analyse et celle de la formation du psychanalyste sont inéluctablement mêlées. La visée finale du processus analytique pourra fonctionner parfois comme idéal de l'institution, ce qui n'est pas sans poser un problème conséquent à ce que pourrait être une institution analytique si l'analyse est ce qui est supposé dénouer pour le sujet ce qui précisément est en mesure de l'institutionnaliser, à savoir sa capacité d'insertion et de fonctionnement dans la psychologie des groupes. Comme le remarque Freud dans «L'analyse avec fin et l'analyse sans fin», le terme même de fin d'une analyse est polysémique. Il peut s'agir du terme de l'analyse, quand «l'analyste et le patient ne se rencontrent plus pour l'heure de travail analytique[22]», et ceci lorsque le patient ne souffre plus de ses symptômes, a surmonté ses angoisses et ses inhibitions, et que l'analyste estime que l'avancée du travail met son patient à l'abri d'une répétition des processus pathologiques si la cure s'arrête là. Mais ce terme de fin de l'analyse a aussi, nous dit Freud, une signification plus ambitieuse, car il s'agirait alors d'une situation où le travail analy-

22. S. Freud, «L'analyse avec fin et l'analyse sans fin» (1937*c*), trad. J. Altounian, A. Bourguignon, P. Cotet, A. Rauzy, in *Résultats, Idées, Problèmes*, t. II, Paris, PUF, coll. «Bibliothèque de psychanalyse», 1985, p. 234; *G.W.* XVI.

tique aurait été mené jusqu'à un point tel que la poursuite de l'analyse n'apporterait plus rien. Dans ce même article, Freud met en avant une butée de l'analyse difficilement dépassable sur le «roc d'origine», celui de la castration, qui se manifeste par l'irréductibilité du désir de pénis chez la femme, et du rejet de la féminité chez l'homme. Il se sépare sur ce point de Ferenczi qui voyait au contraire dans ces deux difficultés le point à franchir pour que s'achève l'analyse.

Avec Lacan

La standardisation de la formation a été souvent critiquée ou interrogée au cours de l'histoire du mouvement analytique, et l'on peut signaler le travail de S. Bernfeld, largement commenté par M. Safouan[23]. Il est certain que la crise ouverte dans le mouvement analytique en France à partir de 1953, et le fait que des analystes se soient retrouvés hors de l'IPA, garante de cette organisation de la formation, n'a pas été sans permettre une remise au travail de cette question. On se souviendra ainsi que ce qui a scandé les démêlés de Lacan avec l'Association internationale de psychanalyse a tourné autour de sa pratique, qui rompait avec la ritualisation extrême qui était imposée. Ainsi, la pratique des séances à durée variable qu'il utilisa très tôt entrait en contradiction avec la durée standardisée des séances imposée par l'organisation internationale. En 1956, il critique dans un texte particulièrement polémique — *Situation de la psychanalyse en 1956* — les institutions analytiques existantes.

Cette question le préoccupe particulièrement, et il aura l'occasion dès 1964 de mettre en œuvre une modalité différente de pratique de l'institution. Celle-ci ne sera pas proposée comme un modèle, mais comme devant s'instituer «dans le fonctionnement». De nombreuses associations analytiques se réclamant de son enseignement l'ont promue à leur tour comme tel. Pourtant, plus tard, Lacan pourra tout à la fois reconnaître l'échec de ce qu'il avait proposé et même dissoudre l'École qu'il avait fondée. En 1967, trois ans après sa fondation, il en précise les modalités de fonctionnement et propose, en même temps, une théorie de la fin de l'analyse. En liant analyse, fonctionnement institutionnel et fin d'analyse, il en vient par conséquent à

23. M. Safouan, *Jacques Lacan et la Question de la formation de l'analyste, op. cit.*

contester le terme même de formation en disant qu'il n'y a pas de formation de l'analyste, mais qu'il n'y a que des formations de l'inconscient, c'est-à-dire qu'une analyse aura des effets didactiques par la production d'un nouvel agencement de l'inconscient, d'un désir inédit, le désir de l'analyste, condition nécessaire pour tenir la place de l'analyste dans le dispositif de la cure.

Il ne s'agit pas d'établir un nouveau système, rappelons ici la critique que Freud faisait aux théories d'Adler. Le fonctionnement qu'il propose pour son École part d'une formule souvent mal interprétée : « le psychanalyste ne s'autorise que de lui-même », à quoi il ajoutera quelques années plus tard : « … et de quelques autres ». Il faut lire cette formule non pas comme une proposition idéologique, mais comme un constat. Les sociétés traditionnelles allaient jusqu'à faire signer au candidat un engagement de ne pas pratiquer l'analyse avant d'en avoir reçu l'autorisation par la commission *ad hoc*, alors qu'ils étaient pour la plupart des praticiens amenés à recevoir des patients avant même d'avoir engagé le processus de formation et qu'il était difficile d'apprécier les effets de ce processus sur cette pratique. Cette formule doit s'entendre aussi comme témoignant de la position dans laquelle se trouve l'analyste lorsqu'il dirige une cure et intervient dans celle-ci. Car s'il s'appuie sur un modèle d'intervention ou y applique une technique apprise comme cela se voit dans d'autres domaines, alors il n'est plus en position d'analyste.

L'ambition de Lacan est sans doute de réarticuler autrement les éléments de la formation : analyse personnelle, contrôle et institution. Il s'agit de les mettre en continuité, analyse personnelle, contrôle et institution étant tous les trois des modalités du travail analytique. Ainsi, Lacan utilisera pour le contrôle le terme d'*analyse de contrôle,* et pour l'articulation de la fin de l'analyse personnelle et de l'institution proposera le dispositif de la *passe.* La proposition d'un tel dispositif dans le texte même où Lacan met en avant des éléments pour une théorie de la fin de l'analyse, peut être lue diversement. Cette théorie de la fin de l'analyse a pu fonctionner souvent comme une nouvelle figure de conformité, véritable mode initiatique d'entrée pour l'impétrant dans la communauté analytique. Le dispositif de la passe consistait pour celui qui se trouvait dans ce passage de l'analysant à l'analyste, à rencontrer deux passeurs, tirés au sort, supposés se trouver dans le même temps de leur analyse que ce passant. Ces passeurs avaient dans un deuxième temps charge de rendre compte de ces entretiens devant le jury d'agrément de l'École. Il s'agit donc d'une procédure fondée sur le témoignage indirect. La passe se proposait comme outil pour recueillir des témoignages sur ce passage de l'analysant à l'analyste, moment énigmatique, que la procédure avait pour but d'éclairer.

La formule de Freud « *Wo Es war, soll Ich werden*[24] », qui fut diversement traduite (dans les premières traductions : « Le moi doit déloger le ça » ; dans la traduction citée en note : « Là où était du ça, doit advenir du moi » ; par Lacan : « Là où c'était, là comme sujet dois-je advenir ») énonce la tâche éthique que vise toute analyse. Elle indique le paradoxe d'où doit sortir le désir puisqu'il est à la fois produit et circonscrit par la Loi. Le sujet est alors amené à le reconnaître, ce qui ne veut pas dire qu'il puisse l'articuler pour lui-même. Mais reconnaître ce rapport intime de la Loi et du désir, qui font que Loi et désir ne sont qu'une seule et même chose, le reconnaître dans l'expérience même de la cure mène à un remaniement subjectif tout à fait fondamental.

Dans sa proposition, en 1967, Lacan aborde aussi ce qui est un autre aspect de la pratique analytique, qui est la question du fantasme. Le sujet peut-il se repérer par rapport à la réalité et orienter son désir autrement que par la fenêtre constituée par son fantasme, peut-il s'en déprendre ? C'est ce point de franchissement que vise une analyse. Les avancées ultérieures de Lacan dans les séminaires qui suivront sa proposition jusqu'à la fin de son enseignement ne cesseront de tourner autour de ces questions, sans pour autant proposer de dernier mot mais en tentant d'explorer toutes les apories de cette question si difficile de la fin de l'analyse.

3.3 Le mouvement psychanalytique et la situation de la psychanalyse en France aujourd'hui

À partir de 1902, des réunions régulières se tiennent chez Freud le mercredi. La Société psychologique du Mercredi deviendra en 1908 la Société psychanalytique de Vienne. Ce petit groupe autour de Freud a une

24. S. Freud, *Nouvelles conférences d'introduction à la psychanalyse* (1933*a*), trad. R.-M. Zeitlin, Paris, Gallimard, coll. « Connaissance de l'Inconscient », 1984, p.110 ; *G.W.* XV, OCF.*P.* XIX.

fonction indiscutable, non seulement dans la transmission de la psychanalyse, mais tout aussi bien dans son élaboration. Puis, comme nous l'avons déjà évoqué, en 1910 est créée l'Association psychanalytique internationale. En même temps, des dissidences apparaissent très vite, celle d'Adler, puis celle de Jung qui est pourtant président de l'Association psychanalytique internationale. Ernest Jones propose la création d'un comité secret, composé de lui-même, de Freud, d'Abraham, d'Eitingon, de Ferenczi, de Rank et de Sachs, qui doit garantir les fondements mêmes de la doctrine analytique.

Le mouvement analytique et ses institutions se développent d'une façon rapide après la Première Guerre mondiale. En effet, les événements de l'histoire ne sont pas sans conséquence sur cette évolution. L'arrivée du nazisme conduit la plupart des analystes allemands et autrichiens à quitter leur pays d'origine. Freud lui-même quitte Vienne en 1938 pour émigrer à Londres où il meurt en 1939. L'arrivée massive de ces nouveaux émigrants dans les pays d'accueil, en particulier l'Angleterre et les États-Unis, n'est pas sans effet. La Société britannique de psychanalyse est dominée par la figure d'Ernest Jones d'une part, mais aussi par celle de Melanie Klein. L'arrivée des Viennois avec Anna Freud en 1938 va donner lieu à un conflit aigu. Anna Freud et Melanie Klein s'opposent quant à leur conception concernant l'analyse d'enfants, mais pas seulement, et très rapidement l'institution anglaise est partagée entre ces deux courants. Tous les analystes ne sont pas sommés de se ranger dans le groupe kleinien ou dans le groupe qui a Anna Freud à sa tête. Un groupe indépendant, le « Middlegroup », se crée, comportant en particulier D.W. Winnicott. Malgré des controverses d'une rare violence, la Société britannique de psychanalyse ne scissionne pas mais reconnaît en son sein l'existence de courants différents qui coexistent. Aux États-Unis, l'arrivée de ces analystes européens s'accompagne d'un certain nombre d'infléchissements de la théorie psychanalytique elle-même. Elle donne un poids notable à l'Association américaine dans l'Association internationale, en particulier avec la promotion de la psychologie du Moi par H. Hartmann, E. Kris, R. Loewenstein : la psychanalyse s'oriente alors vers une pratique visant à l'adaptation du sujet à la réalité, et au social.

En France, la psychanalyse a du mal à s'implanter. Quelques pionniers s'y emploient comme René Laforgue, Marie Bonaparte, Ernest Pichon, ainsi que Rudolf Loewenstein avant son départ pour les États-Unis, mais elle est aussi introduite par les surréalistes. En 1953, un conflit surgit dans la Société psychanalytique de Paris (SPP) autour de la réorganisation d'un institut de psychanalyse destiné à la formation. Lacan, à cette époque, est le président de la SPP ; Daniel Lagache, Juliette Favez-Boutonnier, Blanche Reverchon-Jouve, Françoise Dolto quittent la Société de Paris, suivis peu après par Lacan.

De fait, les scissionnistes se sont mis en dehors de l'IPA. Ils fondent la Société française de psychanalyse. Celle-ci demandera quelques années plus tard son intégration dans l'IPA. Une commission d'enquête est alors nommée qui conclut à la nécessité d'écarter de la fonction de didacticien Jacques Lacan et Françoise Dolto. Une crise éclate qui aboutit à la dissolution de la Société française de psychanalyse. De là sont issues l'Association psychanalytique de France, qui s'affilie à l'IPA, et l'École française de psychanalyse qui deviendra l'École freudienne de Paris, fondée par Lacan en 1964. Quelques années plus tard, en 1969, autour de la question de la formation, Piera Aulagnier, François Perrier, Jean-Paul Valabrega et quelques autres quittent l'EFP. Ils fondent alors l'Organisation psychanalytique de langue française ou Quatrième Groupe.

L'École freudienne de Paris devient très rapidement un groupe considérable, avec une extension internationale grandissante. L'enseignement de Lacan et la relève qu'il a assurée concernant la psychanalyse auront une influence de plus en plus importante qui dépasse largement le cadre de l'institution qu'il a fondée. Mais, en 1980, un an avant sa mort, Lacan dissout son École.

Le paysage de la psychanalyse en France aujourd'hui est particulièrement difficile à décrire. À côté des deux associations affiliées à l'IPA — la Société psychanalytique de Paris et l'Association psychanalytique de France — et du Quatrième Groupe, c'est la multiplicité des rejetons de la dissolution de l'École freudienne de Paris qui caractérise la situation du mouvement psychanalytique. Cette dispersion n'est pas propre à la France. Dans de nombreux pays étrangers, les associations psychanalytiques se sont également multipliées. Doit-on se plaindre de cette situation ? Ce n'est pas certain. Il y aurait sans doute lieu de s'interroger sur le fait que des psychanalystes pourraient considérer que seule une institution «forte» est une garantie pour la survie de la psychanalyse. L'exemple de la psychanalyse aux États-Unis où n'existe que la seule IPA très largement implantée, avec ses déviations et son déclin actuel, devrait pourtant ne pas être négligé.

Il pourrait être intéressant, mais il est sans doute trop tôt, et ce n'est pas ici le lieu, de tenter une présentation raisonnée des associations psychanalytiques issues de la dissolution de l'École freudienne de Paris. Cela pourrait se faire à partir, par exemple, du point électif de l'enseignement de Lacan auquel elles se réfèrent, du point plus particulier qu'elles ont mis au travail. Un autre versant, plus politique, serait celui de leur importance numérique qui peut aller d'une dizaine de membres à plusieurs centaines avec une extension internationale. On pourrait aussi repérer la façon dont elles ont repris en partie, en totalité ou pas du tout les modalités institutionnelles en fonction à l'EFP — ainsi reprise ou non de la passe, des cartels, etc. —, ainsi que de la responsabilité qu'elles assument ou non dans le risque de mettre en place des procédures d'habilitation — certaines sont des groupes où l'on adhère sur simple demande, d'autres ont mis au point des modalités identiques ou s'inspirant des propositions de Lacan.

Cette dissémination n'est sans doute pas sans rapport avec les avancées théoriques de Lacan, précisément sur les effets de la fin de l'analyse et la tentative de subversion de l'immanquable psychologie du groupe. Celle-ci pourtant flambe dans chaque scission qui agite régulièrement le mouvement analytique sans que, semble-t-il, aucun principe fédérateur puisse véritablement fonctionner. Ni la figure d'un leader ou le soutien par un nom propre ne semble aujourd'hui suffire. Faut-il y voir un effet conséquent de l'analyse, ou l'incarnation symptomatique dans le champ du mouvement psychanalytique de cet affaiblissement propre à notre époque de l'imago paternelle, de ce déclin de la fonction paternelle qui fut l'une des raisons majeures de l'enseignement de Lacan ?

On citera pour la France un certain nombre de ces institutions issues de la dissolution de l'EFP, par ordre alphabétique : Analyse freudienne, l'Association freudienne internationale, les Cartels constituants de l'analyse freudienne, le Cercle freudien, l'École de la cause freudienne, l'École freudienne, l'École lacanienne de psychanalyse, l'École de psychanalyse Sigmund Freud, Errata, la Fédération des ateliers de psychanalyse, Espace analytique (Association de formation psychanalytique et de recherches freudiennes), Le Mouvement du coût freudien, Psychanalyse actuelle, les Séminaires psychanalytiques de Paris, la Société de psychanalyse freudienne, etc.

À partir de ces associations, différents regroupements ont eu lieu ; au niveau européen on citera : l'École européenne de psychanalyse (liée à l'École de la cause freudienne), la Fédération européenne de psychanalyse (branche de l'IPA), l'Interassociatif européen de psychanalyse, etc.

D'autres groupes ont vu le jour ne constituant pas des associations psychanalytiques proprement dites ; ainsi la Fondation européenne pour la psychanalyse ; des sociétés d'histoire de la psychanalyse comme la Société internationale d'histoire de la psychiatrie et de la psychanalyse, l'Association internationale d'histoire de la psychanalyse ; enfin, dans une certaine perspective d'organisation de la profession, on mentionnera l'APUI (Association pour une instance), etc.

Cette dispersion n'est pas contradictoire avec la vitalité du mouvement analytique actuel, comme en témoignent la floraison de revues et de publications diverses de travaux psychanalytiques, la place des enseignements de psychanalyse à l'Université ou sa présence dans le monde hospitalier, et, avant tout, sa pratique, un par un, qui est aussi sa transmission.

CONCLUSION

Le cadre de cet ouvrage imposait une limitation dans l'exposé et des choix, qui pourront paraître arbitraires, concernant aussi bien l'explication de certains concepts que la mise en avant de tel auteur plutôt que de tel autre. J'ai surtout été guidé par ceux qui constituent l'adresse de principe de cette collection en pensant aux étudiants avec qui je travaille à l'Université, ainsi que par la lecture qu'impose la visée rétrospective que l'on peut avoir aujourd'hui de l'évolution de la psychanalyse tant du point de vue de sa théorie et de sa pratique que de celui du mouvement psychanalytique.

En 1922, Freud donnait la définition suivante de la psychanalyse : «Psychanalyse est le nom : 1) d'un procédé d'investigation des processus psychiques ; 2) d'une méthode de traitement des troubles névrotiques qui se fondent sur cette investigation ; 3) d'une série de conceptions psychologiques acquises par ce moyen et qui fusionnent progressivement en une discipline scientifique nouvelle[1].» Si notre exposé part de cette définition, il aura essayé de montrer comment toute l'histoire du mouvement analytique en est en quelque sorte le commentaire, la discussion et le développement. Aujourd'hui, la psychanalyse fait symptôme. On ne peut la considérer comme un appendice de la psychiatrie — on ne peut la réduire à un procédé thérapeutique, même si les effets thérapeutiques sont essentiels — ou comme une initiation à un savoir réservé que se passeraient les uns aux autres des élus ; elle n'est ni l'un ni l'autre, elle se développe plutôt au point le plus crucial de notre modernité. En ce sens, elle fait cortège au discours de la science pour reprendre le mot de Lacan, mais n'en constitue pas une à proprement parler. Elle tente de répondre de ce que la science écarte pour se constituer ; elle soutient la question si délicate aujourd'hui qui est celle du sujet.

La conclusion la plus juste vient après celle-ci : la bibliographie qui permet de poursuivre ce que ce petit ouvrage se proposait seulement d'introduire.

1. S. Freud, «"Psychanalyse" et "théorie de la libido"» (1923*a*), trad. J. Altounian, A. Bourguignon, P. Cotet, A. Rauzy, in *Résultats, idées, problèmes*, t. II, *op. cit.*, p. 51 ; *G.W.* XIII ; OCF.*P.* XVI.

BIBLIOGRAPHIE

1. S. Freud

Les œuvres de Freud sont éditées en français par Gallimard, Payot et les Presses universitaires de France. Depuis quelques années, de nouvelles traductions d'une bien meilleure qualité que les précédentes sont proposées, certaines dans une présentation très soignée (introduction complète, pagination des *Gesammelte Werke* en regard de la traduction, notes, index), en particulier chez Gallimard dans la collection «Connaissance de l'Inconscient». Une édition des *Œuvres complètes* est en cours aux PUF (OCF.*P*.). La référence reste bien entendu l'édition allemande des *Gesammelte Werke* (*G.W.*), qui n'est pourtant pas une édition critique.

Le travail de traduction de l'œuvre de Freud est particulièrement difficile et nécessairement orienté, car il est aussi une lecture de l'œuvre. Il est donc toujours souhaitable, chaque fois qu'on le peut, de se référer au texte allemand.

FREUD S., *Gesammelte Werke*, Frankfurt am Main, S. Fischer Verlag. 19 vol.

FREUD S., *The Standard Edition of the complete psychological works of Sigmund Freud*, trad. sous la dir. de J. Strachey, Londres, The Hegarth Press and the Institute of Psychoanalysis, 24 vol. La traduction anglaise demeure l'édition critique de référence.

FREUD S., *Studienausgabe*, Frankfurt am Main, S. Fischer Taschenbuch Verlag. Cette édition reprend, pour l'essentiel, l'appareil critique de l'édition anglaise, la Standard Edition (SE).

FREUD S., *Œuvres complètes. Psychanalyse*, trad. sous la dir. de J. Laplanche, A. Bourguignon, P. Cotet, Paris, PUF ; 21 volumes (9 parus).

Pour une approche historique, on pourra consulter Ellenberger ou Sulloway pour la qualité de leur documentation, même s'il est difficile de partager certains de leurs partis pris :

ELLENBERGER H.F., *Histoire de la découverte de l'inconscient*, (1974) trad. J. Feisthauer, Paris, Fayard, 1994 (rééd.).

SULLOWAY F.J., *Freud, biologiste de l'esprit,* trad. J. Lelaidier, Paris, Fayard, 1981.

Parmi les biographies et présentations de la vie et de l'œuvre de Freud, celle d'Ernest Jones — la première — reste une référence malgré son caractère officiel et ses prises de parti personnelles. Le travail de Peter Gay inclut les travaux les plus récents de l'historiographie du freudisme. Le livre d'Octave Mannoni est une très bonne introduction à l'œuvre de Freud.

GAY P., *Freud, une vie*, trad. T. Jolas, Paris, Hachette, 1991.

JONES E., *La Vie et l'Œuvre de Sigmund Freud*, trad. A. Berman, Paris, PUF, 1958-1969 (3 vol.).

LANDMAN P., *Freud*, Paris, Les Belles Lettres, 1997.

MANNONI O., *Freud*, Paris, Le Seuil, coll. «Écrivains de toujours», 1968.

ROBERT M., *La Révolution psychanalytique. La vie et l'œuvre de Freud*, Paris, Payot, 1964.

À propos de l'«auto-analyse» de Freud, et du débat qui s'est poursuivi sur ce sujet depuis quelques décennies :

ANZIEU D., *L'Auto-analyse de Freud et la Découverte de la psychanalyse*, (1959) 2 vol., Paris, PUF, coll. «Bibliothèque de Psychanalyse», 1988.

MANNONI O., *Clefs pour l'Imaginaire ou l'Autre Scène*, Paris, Le Seuil, coll. «Le Champ freudien», 1971.

PORGE E., *Vol d'Idées ? Wilhelm Fließ, son plagiat et Freud,* suivi de *Pour ma propre cause de Wilhelm Fließ*, Paris, Denoël, coll. «L'Espace analytique», 1994.

Sur les commencements de la psychanalyse :

NASSIF J., *Freud, l'inconscient. Sur les commencements de la psychanalyse*, Paris, Gallilée, 1977, rééd. Champs Flammarion, 1992.

Les premiers psychanalystes. Minutes de la Société psychanalytique de Vienne, trad. N. Schwab-Bakman, 4 vol., Paris, Gallimard, coll. «Connaissance de l'Inconscient», 1976-1983.

Sur l'histoire du mouvement analytique à l'époque de Freud :

ROAZEN P., *La saga freudienne*, trad. A. Zouboff, P.-E. Dauzat, Paris, P.U.F., coll. «Perspectives critiques», 1986.

Sur l'histoire du mouvement analytique en France :

ROUDINESCO E., *Histoire de la psychanalyse en France*, t. 1 (1982) ; t. 2 (1986), Paris, Fayard, 1994.

2. Après Freud

• Sandor Ferenczi

FERENCZI S., *Psychanalyse. Œuvres complètes*, 4 vol., Paris, Payot, 1968-1982.

FERENCZI S., *Journal clinique*, trad. groupe de traduction du Coq Héron, Paris, Payot, coll. « Sciences de l'Homme », 1985.

• Karl Abraham

ABRAHAM K., *Œuvres complètes*, t. 1 : Rêve et mythe. Études cliniques et essais de psychanalyse appliquée ; t. 2 : Développement de la libido. Études cliniques, essais de psychanalyse appliquée, essais théoriques, trad. I. Barande et E. Grin, Paris, Payot, 1965 ; nouvelle édition revue, 1990.

• Anna Freud

FREUD A., *Le Moi et les Mécanismes de défense*, trad. A. Berman, Paris, PUF, 1949.

FREUD A., *Le Traitement psychanalytique des enfants*, trad. E. Rochat et A. Berman, Paris, P.U.F., 1951.

FREUD A., *Le Normal et le Pathologique chez l'enfant*, trad. D. Widlöcher, Paris, Gallimard, coll. « Connaissance de l'Inconscient », 1968.

YOUNG-BRUEHL E., *Anna Freud*, trad. J.-P. Ricard, Paris, Payot, 1991. Une présentation très complète de la vie et de l'œuvre d'Anna Freud.

• Melanie Klein

KLEIN M., *Essais de psychanalyse*, trad. M. Derrida, Paris, Payot, 1968.

KLEIN M., *La Psychanalyse des enfants*, trad. J.-B. Boulanger, Paris, PUF, coll. « Bibliothèque de psychanalyse », 1975.

KLEIN M., HEIMANN P., ISAACS S., RIVIERE J., *Développements de la psychanalyse*, trad. W. Baranger, Paris, PUF, coll. « Bibliothèque de psychanalyse », 1966.

On pourra consulter à propos de Melanie Klein :

SEGAL H., *Introduction à l'œuvre de Melanie Klein*, trad. E. Ribeiro Hawelka, G. Petit, J. Goldberg, Paris, PUF, coll. « Bibliothèque de psychanalyse », 1969.

GROSSKURTH P., *Melanie Klein, son monde et son œuvre*, trad. C. Anthony, Paris, PUF, coll. «Histoire de la psychanalyse», 1989.

• Jacques Lacan

LACAN J., *De la psychose paranoïaque dans ses rapports avec la personnalité*, (1932), Paris, Le Seuil, coll. « Le Champ freudien », 1975.

LACAN J., *Écrits*, Paris, Le Seuil, coll. «Le Champ freudien», 1966. Ce volume regroupe 34 articles et conférences de Lacan jusqu'en 1966. On y trouve le «Rapport de Rome» («Fonction et champ de la parole et du langage en psychanalyse») et les écrits les plus importants de cette période qui constituent, me semble-t-il, la meilleure entrée à l'œuvre de Lacan.

Le Séminaire (1953-1980), (26 vol.) dont le texte est établi par J.-A. Miller, est en cours de parution aux éditions du Seuil, coll. «Le Champ freudien» (10 volumes parus).

Pour accompagner la lecture de l'œuvre de Lacan, on pourra consulter :

DOR J., *Nouvelle bibliographie des travaux de Jacques Lacan*, Paris, EPEL, 1994.

DOR J., *Introduction à la lecture de Lacan*, t. 1 : L'inconscient structuré comme un langage, t. 2 : La structure du sujet, Paris, Denoël, coll. «L'Espace analytique», 1985-1992.

JULIEN Ph., *Pour lire Jacques Lacan, le retour à Freud*, (1985-1990), Paris, Le Seuil, coll. «Points», 1995.

MILLER G. (dir.), *Lacan,* Paris, Bordas, coll. «Philosophie», 1987.

MILNER J.-C., *L'Œuvre claire*, Paris, Le Seuil, coll. «l'ordre philosophique», 1995.

NASIO J.-B., *Cinq leçons sur la théorie de Jacques Lacan,* Paris, Rivages, coll. «Psychanalyse», 1992.

ROUDINESCO E., *Jacques Lacan. Esquisse d'une vie, histoire d'un système de pensée*, Paris, Fayard, 1993. Également une biographie de Lacan, la seule parue à ce jour.

• D.W. Winnicott

WINNICOTT D.W., *De la pédiatrie à la psychanalyse*, trad. J. Kalmanovitch, Paris, Payot, coll. «Science de l'Homme», 1969.

WINNICOTT D.W., *Processus de maturation chez l'enfant*, trad. J. Kalmanovitch, Paris, Payot, coll. «Science de l'Homme»,

WINNICOTT D.W., *Jeu et réalité. L'espace potentiel*, Paris, Gallimard, coll. «Connaisance de l'Inconscient», 1975.

DAVIS M., WALLBRIDGE D., *Winnicott. Introduction à son œuvre,* trad. R. Pelsser, Paris, PUF, 1992.

VANIER A., *Lacan*, Paris, Les Belles Lettres, 1998.

• Françoise Dolto

DOLTO F., *Le Cas Dominique*, Paris, Le Seuil, 1971.

DOLTO F., *Psychanalyse et pédiatrie*, Paris, Le Seuil, 1971.

DOLTO F., *Au jeu du désir. Essais cliniques*, Paris, Le Seuil, 1981.

Une collection Françoise Dolto, dirigée par Catherine Dolto-Tolitch aux éditions Gallimard, publie des inédits et réédite des textes devenus introuvables ou dont la qualité éditoriale était insuffisante. On citera : *Les Étapes majeures de l'enfance* et *Les Chemins de l'éducation* (recueil d'articles) ; *Tout est langage* ; *Solitude* ; *La difficulté de vivre* ; etc.

Il existe plusieurs introductions et études de l'œuvre de Dolto, et particulièrement :

FRANÇOIS Y., *Françoise Dolto, De l'éthique à la pratique de la psychanalyse d'enfants,* Paris, Centurion, coll. « Païdos », 1990.

GUILLERAULT G., *Le Corps psychique,* Paris, Éditions universitaires, 1989.

3. Autres ouvrages

ASSOUN P.-L., *Psychanalyse,* Paris, PUF, 1997.

BERCHERIE P., *Les Fondements de la clinique. Histoire et structure du savoir psychiatrique,* Paris, La Bibliothèque d'Ornicar, 1980.

COSTECALDE A., GARATE-MARTINEZ I., LACHAUD D., TRONO C., *Devenir psychanalyste. Les formations de l'inconscient*, Paris, Denoël, coll. « L'Espace analytique », 1996.

FALADÉ S., « Repères structurels des névroses, psychoses et perversions », in *Esquisses psychanalytiques*, n° 7, printemps 1987.

FALADÉ S., « Ce que Françoise Dolto m'a enseigné », in *L'Enfant et la Psychanalyse*, Paris, éd. Esquisses psychanalytiques, 1993.

FOUCAULT M., *Naissance de la clinique,* Paris, PUF, 1963.

KOYRÉ A., *Du monde clos à l'univers infini,* trad. R. Torr, Paris, Gallimard, 1973.

KOYRÉ A., *Études galiléennes,* Paris, Hermann, 1966.

MANNONI M., *Le Psychiatre, son « fou » et la psychanalyse*, Paris, Le Seuil, coll. « Le Champ freudien », 1970.

MANNONI M., *De la passion de l'Être à la « Folie » de savoir. Freud, les Anglo-saxons et Lacan*, Paris, Denoël, coll. « L'Espace analytique », 1988.

MIJOLLA DE A. et MIJOLLA-MELLOR DE S. (dir.), *Psychanalyse,* Paris, PUF, 1996.

MOREAU M., « Analyse quatrième, contrôle, formation », in *Topique* n° 18, Paris, EPI, janv. 1977.

NEYRAUT M., *Le transfert*, Paris, PUF, coll. « Le fil rouge », 1974.

PERRIER F., *La Chaussée d'Antin*, (1978), Paris, Albin Michel, 1994.

PONTALIS J.-B., *Après Freud*, Paris, Gallimard, 1968.

SAFOUAN M., *Études sur l'Œdipe. Introduction à une théorie du sujet*, Paris, Le Seuil, coll. « Le Champ freudien », 1974.

SAFOUAN M., *Jacques Lacan et la question de la formation des analystes*, Paris, Le Seuil, 1983.

SAUSSURE DE F., *Cours de linguistique générale*, Paris, Payot, 1971.

STEIN C., *La Mort d'Œdipe*, Paris, Denoël-Gonthier, coll. « Médiations », 1977.

VALABREGA J.-P., *La Formation du psychanalyste, esquisse d'une théorie*, Paris, Belfond, coll. « Documents pour l'analyse », 1979.

« La pratique des cures contrôlées ou supervision », *Études freudiennes* n° 31, 1989.

On forme des analystes. Rapport original sur les dix ans de l'Institut psychanalytique de Berlin, 1920-1930. Préface de S. Freud, trad. H. Stierlin, M. Henich, avec la collaboration de T. Buhmann, P. Salvain ; présentation de F. Colonomos, Paris, Denoël, coll. « L'Espace analytique », 1985.

«Transmission de la psychanalyse», *Revue française de psychanalyse* n° 1, t. XLVIII, janvier-février 1984.

«Bases communes de la psychanalyse», *Revue française de psychanalyse*, n° 5, t. LII, septembre-octobre 1988.

Scilicet, n°s 1 à 7, Paris, Le Seuil, coll. « Le Champ freudien ».

4. **Dictionnaires**

LAPLANCHE J. et PONTALIS J.-B., *Vocabulaire de la psychanalyse*, Paris, PUF, coll. « Bibliothèque de Psychanalyse », 1967. Demeure une référence.

CHEMAMA R. (dir.), *Dictionnaire de la psychanalyse*, Paris, Larousse, 1995.

KAUFMANN P. (dir.), *L'Apport freudien. Éléments pour une encyclopédie de la psychanalyse*, Paris, Bordas, 1993.

ROUDINESCO E. et PLON M., *Dictionnaire de la psychanalyse*, Paris, Fayard, 1997.

INDEX RERUM

(avec les notions freudiennes en allemand entre parenthèses)

Dans la même collection

72. Marie-Christine Hardy-Baylé, *Le Diagnostic en psychiatrie*
74. Christiane Kekenbosch, *La Mémoire et le langage*
78. Alain Blanchet et Alain Trognon, *La Psychologie des groupes*
82. Jean-Louis Pédinielli, *Introduction à la psychologie clinique*
110. Marie-Rose Moro et Christian Lachal, *Introduction aux psychothérapies*

N° de projet : 10049160 - (III) - (8,5) - OSBN 80 - septembre 1998
Imprimé en France par Pollina, 85400 Luçon - n° 75660